Tapas

Copyright © 2009 de la edición española
Parragon Books Ltd
Queen Street House
4 Queen Street
Bath BA1 1HE, Reino Unido

Traducción del inglés: Natàlia Solé para
Equipo de Edición, S. L., Barcelona
Redacción y maquetación: Equipo de Edición, S.L., Barcelona

ISBN: 978-1-4075-8092-0

Impreso en Indonesia
Printed in Indonesia

NOTAS PARA EL LECTOR

Las cucharadas indicadas en las recetas son siempre rasas; las cucharaditas
equivalen a 5 ml y las cucharadas, a 15 ml.

A no ser que se especifique otra cosa, la leche es entera, y los huevos y las verduras,
como las patatas, de tamaño mediano; asimismo, la pimienta es pimienta negra recién
molida.

Los tiempos de cada receta son aproximados, ya que los tiempos de cocción
pueden variar según los tipos de horno y equipamiento utilizado.

Algunas recetas contienen frutos secos. Si es usted alérgico a ellos, debería evitar
su ingesta, así como la de cualquier producto que los contenga. Se recomienda
a los niños, los ancianos, las embarazadas y las personas convalecientes evitar
los platos cocinados con huevos crudos o poco hechos.

tabla **de** equivalencias

Las equivalencias exactas de la siguiente tabla han sido redondeadas por conveniencia

medidas de líquidos/sólidos

sistema imperial (EE.UU.)	sistema métrico
1/4 cucharadita	1,25 mililitros
1/2 cucharadita	2,5 mililitros
3/4 cucharadita	4 mililitros
1 cucharadita	5 mililitros
1 cucharada (3 cucharaditas)	15 mililitros
1 onza (de líquido)	30 mililitros
1/4 taza	60 mililitros
1/3 taza	80 mililitros
1/2 taza	120 mililitros
1 taza	240 mililitros
1 pinta (2 tazas)	480 mililitros
1 cuarto de galón (4 tazas)	960 mililitros
1 galón (4 cuartos)	3,84 litros
1 onza (de sólido)	28 gramos
1 libra	454 gramos
2,2 libras	1 kilogramo

temperatura del horno

Fahrenheit	Celsius	gas
225	110	1/4
250	120	1/2
275	140	1
300	150	2
325	160	3
350	180	4
375	190	5
400	200	6
425	220	7
450	230	8
475	240	9

longitud

sistema imperial (EE.UU.)	sistema métrico
1/8 pulgada	3 milímetros
1/4 pulgada	6 milímetros
1/2 pulgada	1,25 centímetros
1 pulgada	2,5 centímetros

Índice

Introducción

Uno de los muchos placeres que ofrece España es su rica tradición en tapas. El origen de estos exquisitos bocados es incierto, pero según cuenta una leyenda, la primera tapa se preparó para el rey Alfonso X, el Sabio, soberano de Castilla en el siglo XIII. El monarca, que estaba enfermo, debía ingerir pequeñas cantidades de alimento y vino entre las comidas. Tras su recuperación, propugnó que en las tabernas no se sirviera vino sin acompañarlo de algo más sólido.

Sin embargo, la mayoría considera que Andalucía, y no Castilla, es el lugar donde nacieron las tapas. En esta famosa región vinícola, era costumbre servir vino en una copa cubierta con una rebanada de pan con jamón o queso, o un platillo con otro tipo de comida. Esta «tapa», o «cubierta», evitaba que las moscas u otras impurezas contaminaran el vino, y el propio plato no tardó en conocerse como *tapa*. A partir de ahí, las tapas se extendieron por toda España, y ahora han sobrepasado sus fronteras.

En la España actual, las tapas siguen siendo una parte esencial e integral del estilo de vida español. Se acostumbran a servir en los bares y cafeterías antes de la comida y la cena, acompañadas de un aperitivo, como vino, jerez o sidra, lo que convierte estos establecimientos en el lugar ideal para disfrutar de unos instantes de descanso o para charlar con los amigos y colegas al finalizar el día. Otra posibilidad es elegir varios platos y convertir la ocasión en una comida o cena completas. La gran variedad de tapas refleja las distintas necesidades que existen: primero está la *comida para picar*, cuyo plato más sencillo incluye un bol de aceitunas o frutos secos salados, y los *pinchos*, que ofrecen algo más de comida y que suelen presentarse insertados en un palillo. Al otro lado de la balanza están las *raciones*, platos más grandes que pueden formar la base de una comida más copiosa.

La variedad de tapas es inmensa y es el reflejo de la diversidad de tradiciones culinarias de las distintas regiones españolas. Este libro presenta una selección

de algunos de los platos más famosos, como la típica tortilla de patatas (*véase* página 100) o las numerosas especialidades regionales, por ejemplo, las papas arrugadas con mojo (*véase* página 24), de las Islas Canarias, y el pan con tomate (*véase* página 240) y la tradicional *esqueixada* (*véase* página 124), típicos de Cataluña.

La tapa ya no es del dominio exclusivo de España, pues han surgido numerosos bares y restaurantes de tapas en las ciudades cosmopolitas de todo el mundo. Y también cada vez es más frecuente prepararlas y disfrutarlas en casa.

Parte del atractivo de una comida a base de tapas es que se trata de una de las formas más sociables de cenar con los amigos y la familia, ya que todo el mundo prueba los distintos platos de la mesa. El hecho de que puedan comerse platos fríos y calientes a la vez también hace de las tapas una de las experiencias gastronómicas más eclécticas. No todos los días uno puede comer unos trocitos de pescado antes de probar la empanadilla de chorizo, acompañándolo todo de una copa de vino y unas aceitunas marinadas. Deje que su paladar le guíe hacia el próximo plato que le apetezca degustar.

Ingredientes principales

ACEITE DE OLIVA

España es el mayor productor de aceite de oliva del mundo, así que no es de extrañar que este producto sea la piedra angular de la cocina española. El aceite de oliva de mejor calidad es el aceite virgen extra, que es el que se obtiene del primer prensado de las olivas. Se utiliza para los aliños y marinadas, más que para freír. El aceite virgen es menos refinado que el virgen extra. Y la mezcla de aceite virgen y refinado se conoce, simplemente, como aceite de oliva, aunque éste no se exporta tanto como las otras variedades.

ACEITUNAS

Quizá no sea ninguna coincidencia que las aceitunas, un ingrediente básico de las tapas que también pueden formar parte de platos más o menos elaborados, sean un producto clave de Andalucía. Más de la mitad de las 50 variedades de aceituna cultivadas en España provienen de esta región. Algunas de las recetas de este libro utilizan aceitunas rellenas de pimiento.

AJO

El ajo es un ingrediente clave en la cocina española. Las cabezas de ajos deben conservarse en un lugar fresco y seco, y una vez partidas, los dientes deben utilizarse en un plazo de 10 días antes de que se sequen. Cuando compre ajo, procure que las cabezas tengan la piel blanca y muy pegada.

CHORIZO

El chorizo es uno de los embutidos españoles más conocidos y fáciles de encontrar. Está hecho con carne de cerdo (ahumada o sin ahumar) adobada con pimentón dulce. Puede comprarse en varios tamaños y con distintas cantidades de grasa.

JAMÓN

El jamón es un ingrediente básico de la cocina española. Se elabora desde hace al menos 2.000 años. Su calidad depende del tiempo de curación, y los mejores jamones (los más caros) suelen cortarse a mano. Como tapa, se acostumbra a servir crudo. El jamón más económico es el del cocido. En su lugar, puede utilizarse el *prosciutto* italiano (jamón curado). El *jamón serrano* es un término genérico que se refiere a los perniles de cerdo criado en la montaña. Este tipo de jamón se cura con sal y se deja secar al aire.

PIMENTÓN DULCE

El pimentón dulce español, el polvo que se obtiene moliendo pimientos rojos secos, normalmente es más dulce que el pimentón del centro de Europa, aunque a veces se utilizan variedades mucho más picantes.

QUESO

En España se producen numerosos quesos, aunque la gran mayoría sólo pueden conseguirse en la región en la que se elaboran. El manchego, hecho con leche de oveja, es probablemente el queso español más conocido y puede encontrarse en todas partes. En este libro se utilizan muchos otros quesos españoles, pero también se sugieren otros igualmente adecuados.

Recetas básicas

PATATAS FRITAS

PARA 6 PERSONAS
1 kg de patatas sin pelar
aceite de oliva
sal

1 Lave las patatas, séquelas y luego córtelas en trozos gruesos.

2 Vierta aceite de oliva en 1 o 2 sartenes grandes hasta cubrir una altura de 1 cm y añada un trozo de patata. Caliéntelo a fuego medio-alto hasta que la patata empiece a chisporrotear. Añada el resto de patatas, sin llenar demasiado las sartenes, y deje que se hagan durante 15 minutos o hasta que se doren y queden tiernas. Fríalas por tandas, si es necesario, y mantenga calientes las patatas ya fritas mientras prepara el resto.

3 Utilice una espumadera para sacar las patatas de la sartén y colocarlas en un plato cubierto con papel de cocina para eliminar el exceso de aceite. Sazónelas con sal. Sírvalas inmediatamente.

SALSA DE TOMATE Y PIMIENTO ROJO

PARA 700 ML
4 cucharadas de aceite de oliva
10 dientes de ajo grandes
120 g de chalotes troceados
4 pimientos rojos grandes, troceados
   y sin semillas
1 kg de tomates frescos maduros,
   troceados, o
1,25 kg de tomates en conserva
   de buena calidad
2 tiras finas de ralladura de
   naranja recién cortada
una pizca de pimentón picante,
   al gusto (opcional)
sal y pimienta

1 Caliente el aceite a fuego medio en una cazuela grande refractaria. Añada el ajo, los chalotes y los pimientos rojos y fríalos durante 10 minutos, removiéndolos de vez en cuando, hasta que los pimientos se hayan ablandado, pero sin llegar a dorarse.

2 Añada los tomates (si utiliza tomates en conserva, añada también el jugo), la ralladura de naranja, el pimentón picante (si lo desea) y sal y pimienta al gusto, y deje que vuelva a romper el hervor. Baje el fuego al máximo y déjelo hervir a fuego lento, sin tapar, durante 5 minutos, o hasta que el líquido se haya evaporado y la salsa, espesado.

3 Pase la salsa por un pasapurés. También puede pasarla por un robot de cocina y luego utilizar una cuchara de madera para chafarla y pasarla por un colador fino. Pruébela y rectifíquela de sal si hace falta. Utilícela enseguida o tápela y guárdela en el frigorífico 3 días como máximo.

Verduras

Las recetas de este capítulo son una mezcla de platos vegetarianos a base de verduras que resultan unos deliciosos bocados por derecho propio, y platos ideales como acompañamiento para las otras recetas del libro. Hay una gran variedad de propuestas culinarias hechas con patatas —el ingrediente básico de los menús a base de tapas—, como las populares «Patatas con alioli» (*véase* página 12), un clásico plato catalán, y las «Patatas muy picantes» (*véase* página 15). Como su nombre indica, en estas últimas se utiliza una salsa que intensifica el sabor picante de las patatas con alioli.

Otras tapas son los deliciosos «Tomates cereza rellenos» (*véase* página 38), que se comen de un bocado, el «Calabacín con queso a la vinagreta», algo más sustancioso (*véase* página 43), y una variedad de apetitosas ensaladas.

Patatas a la española

PARA 4 PERSONAS

2 cucharadas de aceite
de oliva

500 g de patatas nuevas
pequeñas, cortadas por
la mitad

1 cebolla cortada por la
mitad y luego, a rodajas

1 pimiento verde sin semillas
y cortado a tiras

1 cucharadita de guindilla
molida

1 cucharadita de mostaza

180 g de tomates escurridos

300 ml de caldo de
verduras

sal y pimienta

perejil fresco picado,
para decorar

1 Caliente el aceite de oliva en una sartén grande de base gruesa. Añada las patatas nuevas y la cebolla cortada, y fríalas, removiéndolas con frecuencia, durante 4 o 5 minutos, o hasta que la cebolla esté blanda y translúcida.

2 Añada las tiras de pimiento, la guindilla molida y la mostaza y déjelas cocer durante 2 o 3 minutos.

3 Añada y remueva los tomates escurridos y el caldo de verduras en la sartén y deje que rompa el hervor. Baje el fuego y déjelo hervir durante 25 minutos, o hasta que las patatas estén tiernas. Sazónelas al gusto con sal y pimienta.

4 Ponga las patatas en una fuente caliente. Espolvoréelas con el perejil y sírvalas enseguida.

5 También puede dejarlas enfriar y servirlas a temperatura ambiente.

Patatas nuevas con salsa de guindilla

PARA 4-6 PERSONAS

450 g de patatas nuevas
 sin pelar
2 dientes de ajo, picados
2 guindillas secas,
 ligeramente machacadas
1 cucharada de pimentón
 dulce
2 cucharadas de vinagre
 de jerez
160 ml de aceite de oliva
sal

VARIACIÓN: Si lo prefiere,
puede sustituir 1 guindilla
fresca sin semillas y picada
muy fina por las guindillas
secas. Añádala a la salsa y
remuévala al final del paso 2

1 Coloque las patatas en una vaporera encima de una olla con agua hirviendo. Tápelas y déjelas cocer al vapor durante 30 minutos, o hasta que estén tiernas.

2 Mientras tanto, prepare la salsa. En un mortero, ponga el ajo, las guindillas y el pimentón dulce, y con la mano de mortero macháquelo todo hasta obtener una pasta. Sazónela al gusto con sal y luego añada gradualmente el vinagre, sin dejar de remover. Finalmente, agregue el aceite de oliva.

3 Coloque las patatas en una o varias fuentes y sírvalas con la salsa de guindilla aparte.

Patatas con alioli

PARA 6-8 PERSONAS

450 g de patatas nuevas
pequeñas
1 cucharada de perejil
fresco, picado
sal

ALIOLI

1 yema de huevo grande,
a temperatura ambiente
1 cucharada de vinagre de
vino blanco o zumo de
limón
2 dientes de ajo grandes,
pelados
3 cucharadas de aceite
de oliva virgen extra
3 cucharadas de aceite
de maíz
sal y pimienta

1 Para hacer el alioli, ponga la yema de huevo, el vinagre, el ajo y sal y pimienta al gusto en un robot de cocina equipado con cuchillas metálicas, y mézclelo todo. Con el motor aún en marcha, añada el aceite de oliva muy lentamente y luego, el aceite de maíz; al principio, gota a gota, y más tarde, cuando empiece a espesarse, en un chorrito lento y constante, hasta obtener una salsa espesa y homo-

génea. Como alternativa, también puede utilizar un bol y remover los ingredientes constantemente.

2 Para esta receta, el alioli debe ser lo bastante fino como para napar las patatas. Para ello, mézclelo con 1 cucharada de agua para dar la consistencia deseada a la salsa.

3 Para preparar las patatas, córtelas por la mitad o a cuartos, del tamaño de un bocado. Si son muy pequeñas, puede dejarlas enteras. Póngalas en una olla con agua fría y sal y deje que rompa el hervor. Baje el fuego y déjelas hervir a fuego lento unos 7 minutos, o hasta que estén tiernas. Escúrralas bien y luego póngalas en un bol grande.

4 Con las patatas aún calientes, vierta por encima el alioli y mézclelo todo con cuidado. Añadir el alioli cuando las patatas están aún calientes ayuda a que absorban el sabor del ajo. Déjelas reposar uno 20 minutos para que se marinen en la salsa.

5 Coloque las patatas con el alioli en un plato caliente. Espolveréelas con el perejil, sálelas al gusto y sírvalas calientes. Puede preparar el plato con antelación y luego dejarlo en la nevera, pero antes de servirlo, deberá estar a temperatura ambiente.

Patatas envueltas en jamón

PARA 4 PERSONAS
12 patatas nuevas sin pelar
2 cucharadas de aceite
 de oliva
12 lonchas de jamón serrano
sal

SUGERENCIA: Procure utilizar patatas que sean más o menos del mismo tamaño, ya que así se cocerán uniformemente.

1 Precaliente el horno a 200 °C. Coloque las patatas en una vaporera encima de una olla con agua hirviendo. Tápelas y déjelas cocer al vapor durante 30 minutos, o hasta que estén tiernas. Retírelas y déjelas enfriar un poco.

2 Vierta el aceite en una fuente de horno. Envuelva cada patata con una loncha de jamón y colóquelas en la fuente, formando una sola capa. Áselas en el horno precalentado, girándolas de vez en cuando, durante 20 minutos.

3 Coloque las patatas en platos calientes. Sálelas al gusto y sírvalas enseguida o déjelas enfriar un poco antes de servir.

Patatas muy picantes

PARA 6 PERSONAS
1 x cantidad de patatas
  fritas (véase página 7)
1 x cantidad de alioli
  (véase página 12)
ACEITE DE GUINDILLA
160 ml de aceite de oliva
2 guindillas rojas frescas,
  con un corte
1 cucharadita de pimentón
  dulce

SUGERENCIA: Encontrará
tantas recetas «auténti-
cas» para este plato como
cocineros en España: a
veces las patatas se fríen
en abundante aceite, y el
alioli y el aceite de guindilla
a menudo se mezclan

1 Para hacer el aceite de guindilla, caliente el aceite de oliva y fría las guindillas a fuego fuerte hasta que empiecen a chisporrotear. Retire la sartén del fuego, añada el pimentón dulce y remuévalo. Resérvelo, déjelo enfriar, y luego vierta el aceite de guindilla en una aceitera con tapón. No lo cuele.

2 Cueza las patatas y, mientras se hacen, prepare el alioli.

3 Para servir, reparta las patatas en 6 platos y añada una cucharada de alioli a cada uno. Vierta unas gotas de aceite de guindilla por encima y sírvalas calientes o a temperatura ambiente. Si lo desea, puede servirlas pinchadas con un palillo.

Patatas con pimentón dulce

PARA 6-8 PERSONAS

900 g de patatas nuevas
sin pelar
120 ml de aceite de oliva
1 cucharada de vinagre
de jerez
1 cucharada de concentrado
de tomate secado al sol
1 cucharadita de pimentón
dulce
una pizca de cayena molida
sal

1 Ponga a hervir las patatas en una olla grande con agua y un poco de sal y deje que el agua rompa el hervor. Baje el fuego y déjelas hervir a fuego lento durante 15 o 20 minutos, o hasta que estén tiernas. Escúrralas y déjelas enfriar.

2 Mientras tanto, prepare la salsa. En un bol grande, mezcle 5 cucharadas de aceite de oliva, el vinagre, el concentrado de tomate, el pimentón dulce, la cayena molida y sal al gusto. Resérvela hasta el momento de servir.

3 Caliente el aceite de oliva restante en una sartén grande de base gruesa. Corte las patatas a cuartos y añádalas a la sartén, por tandas, si fuera necesario. Déjelas cocer a fuego medio, removiéndolas y girándolas de vez en cuando, durante unos 8 o 10 minutos, o hasta que estén crujientes y doradas. Sáquelas, escúrralas con una espumadera y póngalas en el bol que contiene la salsa.

4 Cuando todas las patatas estén hechas, mézclelas con cuidado con la salsa y luego repártalas en platos calientes. Sírvalas enseguida.

Patatas fritas con pimentón picante

PARA 6 PERSONAS

3 cucharaditas de pimentón

1 cucharadita de comino
    molido

¼-½ cucharadita de
    cayena molida

½ cucharadita de sal

450 g de patatas viejas
    pequeñas, peladas

aceite de maíz

ramitas de perejil fresco,
    para decorar

alioli (véase página 12),
    para servir (opcional)

VARIACIÓN: Cueza las patatas como se indica aquí y
luego vierta por encima la
salsa de tomate picante
que acompaña a los lamuelos
de queso (véase página 112),
o sirva la salsa aparte para
mojar las patatas. Preparado así, este plato se conoce
como patatas bravas

1 En un bol pequeño, mezcle bien
el pimentón, el comino molido,
la cayena molida y sal. Resérvelo.

2 Corte cada patata en 8 trozos
gruesos. Vierta aceite de
maíz en una sartén grande de base
gruesa, hasta cubrir unos 2,5 cm
de altura. Caliente el aceite y luego
añada los trozos de patata, preferentemente formando una sola

capa, y fríalos durante 10 minutos,
o hasta que se doren, dándoles la
vuelta de vez en cuando. Retírelos
de la sartén con una espumadera y
escúrralos en papel de cocina.

3 Ponga los trozos de patata en
un bol grande y, mientras aún
estén calientes, espolvoréelos con
la mezcla de pimentón. A continuación, mézclelo todo, hasta que
los trozos queden bien cubiertos
de pimentón.

4 Para servir, ponga las patatas
fritas con el pimentón en un
plato grande caliente, o bien en
varios platos más pequeños o individuales, y sírvalas calientes, deco-

radas con las ramitas de perejil
fresco. Si lo desea, puede acompa-
ñarlas con un bol de alioli para
mojarlas.

Ensalada tibia de patatas

PARA 4-6 PERSONAS

180 ml de aceite de oliva

450 g de patatas rojas,
   cortadas en rodajas finas

60 ml de vinagre de vino
   blanco

2 dientes de ajo, picados
   finos

sal y pimienta

SUGERENCIA: Para servir
esta ensalada con un surti-
do de tapas variadas, puede
combinarla con otros platos
calientes o dejarla enfriar
completamente antes de
servir.

1 Caliente 60 ml de aceite de
oliva en una sartén grande de
base gruesa. Añada los trozos de
patata y sálelos al gusto. Luego fríalos a fuego lento, agitando la sartén
de vez en cuando, durante 10 minutos. Deles la vuelta y fríalos otros
5 minutos, o hasta que estén
tiernos, pero no dorados.

2 Mientras tanto, vierta el vinagre en un cazo pequeño.
Añada el ajo y sazone al gusto con
pimienta. Deje que rompa el hervor y luego añada y remueva el
aceite de oliva restante.

3 Ponga las patatas en un bol
y vierta por encima el aliño.
Mézclelo todo con cuidado y deje
reposar las patatas unos 15 minutos. Con la ayuda de una espumadera, reparta las patatas en platos
individuales y sírvalas tibias.

Ensaladilla rusa

PARA 6 PERSONAS

2 huevos

450 g de patatas nuevas pequeñas, cortadas a cuartos

115 g de judías verdes finas, cortadas en trozos de 2,5 cm de largo

115 g de guisantes congelados

115 g de zanahorias

200 g de atún en conserva en aceite de oliva, escurrido

8 cucharadas de mayonesa

2 cucharadas de zumo de limón

1 diente de ajo, machacado

4 pepinillos pequeños, cortados en rodajas

8 aceitunas negras sin hueso, cortadas por la mitad

1 cucharada de alcaparras

1 cucharada de perejil fresco picado

1 cucharada de eneldo fresco picado, y alguna ramita aparte para decorar

sal y pimienta

1 Ponga los huevos en un cazo, cúbralos con agua fría y deje que ésta rompa el hervor, lentamente. Baje el fuego al mínimo, tape el cazo y deje hervir los huevos a fuego muy lento durante 10 minutos. Una vez hechos los huevos, escúrralos y páselos por debajo del chorro de agua fría. Haciendo esto se evita que se forme un círculo negro alrededor de la yema. Dé unos golpecitos con cuidado a los huevos para romperles la cáscara y déjelos enfriar.

2 Mientras tanto, ponga las patatas en una olla grande con agua y sal y deje que rompa el hervor. Baje el fuego y déjelas hervir a fuego lento durante 7 minutos, o hasta que estén tiernas. Añada las judías y los guisantes y deje que todo hierva otros 2 minutos. Escurra bien las verduras y páselas por debajo del chorro de agua fría. Luego, deje que se enfríen completamente.

3 Corte las zanahorias en juliana, en tiras de unos 2,5 cm de largo. Desmenuce el atún en trozos grandes. Cuando las patatas, las judías y los guisantes estén fríos, póngalos en un bol grande.

Añada las tiras de zanahoria y el atún desmenuzado y mezcle bien y con cuidado los ingredientes. Coloque las verduras y el atún en una fuente de ensalada alargada o en un plato grande.

4 Ponga la mayonesa en un jarrito, añádale el zumo de limón y remuévalo todo para aclararla un poco. Agréguele el ajo, remuévala y sazónela al gusto con sal y pimienta. Vierta un poco de mayonesa por encima de las verduras y del atún.

5 Ponga encima los pepinillos, las aceitunas y las alcaparras y, finalmente, el perejil y el eneldo. Puede guardar la ensaladilla en la nevera, pero deberá servirla a temperatura ambiente. Justo antes de ello, pele los huevos y córtelos en trozos. Añádalos a la ensaladilla y luego decórela con ramitas de eneldo. Ahora ya puede servirla.

Patatas con salsa de ajo asado

PARA 8 PERSONAS

1,3 kg de patatas, sin pelar
y cortadas por la mitad
2 cucharadas de aceite
de oliva
1 diente de ajo, picado fino
2 cucharaditas de sal

SALSA DE AJO ASADO

2 cabezas de ajo, separadas
en dientes
1 cucharada de aceite de
oliva
5 cucharadas de nata agria
o yogur natural espeso
4 cucharadas de mayonesa
pimentón dulce al gusto
sal

1 Primero, prepare la salsa de ajo asado. Precaliente el horno a 200 °C. Ponga los dientes de ajo en una fuente de horno, luego rocíelos con el aceite de oliva y mezcle hasta que los ajos queden bien bañados de aceite. Extiéndalos formando una sola capa y áselos en el horno precalentado 25 minutos, o hasta que estén tiernos. Saque la

fuente del horno y deje enfriar los ajos lo suficiente como para poder trabajar con ellos.

2 Pele los dientes de ajo, póngalos sobre una tabla de cortar y espolvoreélos con un poco de sal. Cháfelos bien con un tenedor hasta conseguir una pasta homogé-

nea. Ponga la pasta en un bol, añádale la nata agria y la mayonesa y remuévalo todo. Sazone la salsa al gusto con sal y pimentón dulce. Tape el bol con film transparente y deje enfriar la salsa hasta el momento de servir el plato.

3 Para cocer las patatas, córtelas por la mitad y luego en 3 tro-

zos; después, póngalas en un bol grande. Añádales aceite de oliva, ajo y sal, y mézclelo todo bien. Ponga las patatas en una bandeja, formando una sola capa, y áselas en el horno precalentado durante 1 o 1¼ horas, o hasta que estén crujientes y doradas.

4 Sáquelas del horno y póngalas en varios boles. Sírvalas enseguida, con la salsa de ajo asado aparte.

VARIACIÓN: Si no dispone de mucho tiempo, también puede servir los trozos de patata con alioli (véase página 12) o simplemente con una mayonesa de buena calidad.

Papas arrugadas con mojo

PARA 4-6 PERSONAS

3½ cucharadas de sal

24 patatas rojas pequeñas
    sin pelar y enteras

MOJO

40 g de pan del día anterior,
    sin corteza y cortado a
    trocitos

2 dientes de ajo grandes

½ cucharadita de sal

1½ cucharadas de pimentón
    picante

1 cucharada de comino
    molido

unas 2 cucharadas de
    vinagre de vino tinto

unas 3 cucharadas de
    aceite de oliva virgen
    extra

2 pimientos del piquillo
    (véase página 169), escurridos

1 Vierta agua en una olla hasta cubrir unos 2,5 cm de altura, añádale la sal y remuévala. Ponga las patatas en la olla y vuelva a remover. Éstas no deben quedar cubiertas por el agua. Doble un trapo de cocina limpio y colóquelo encima de las patatas; deje que el agua rompa el hervor. Baje el fuego y déjelas hervir a fuego lento durante 20 minutos, o hasta que las patatas estén tiernas, pero sin deshacerse.

2 Quite el trapo de encima de las patatas y déjelo a un lado. Escurra las patatas y póngalas otra vez en la olla vacía. Cuando el trapo esté lo suficientemente frío

como para cogerlo, retuérzalo y escurra el agua con sal que contenga directamente en la olla. Ponga la olla a fuego lento y agítela hasta que las patatas estén secas y bien cubiertas por una fina capa blanca. Retírelas del fuego.

3 Mientras tanto, haga el mojo. Ponga el pan en un bol y añádale agua hasta cubrirlo. Déjelo reposar durante 5 minutos, o hasta que se haya ablandado. Con las manos, estruje el pan y escurra toda el agua. En un mortero, chafe el ajo y la sal hasta obtener una pasta. Añada el pimentón y el comino y remuévalos. Introduzca la mezcla en un robot de cocina.

Añada 2 cucharadas de vinagre y mézclelo bien. Añada el pan y 2 cucharadas de aceite de oliva, y vuélvalo a mezclar todo.

4 Con el motor aún en marcha, añada los pimientos de uno en uno hasta obtener una salsa. Si hace falta, añada más aceite de oliva, hasta que la salsa quede homogénea y espesa. Pruébela y rectifique el condimento, añadiendo más vinagre si fuera necesario.

5 Para servir, corte las patatas por la mitad y pínchelas con palillos. Sírvalas calientes, o a temperatura ambiente, acompañadas de un bol de salsa para mojar.

Salsa de berenjena

PARA 6-8 PERSONAS

1 berenjena grande,
de unos 400 g
5 cucharadas de aceite
de oliva
2 cebolletas picadas finas
1 diente de ajo grande,
machacado
2 cucharadas de perejil
fresco, picado fino
sal y pimienta
pimentón dulce ahumado,
para decorar
pan de barra, para servir

1 Corte la berenjena en rodajas gruesas y sálelas para eliminar su sabor amargo. Déjelas reposar durante 30 minutos y luego lávelas y séquelas.

2 Caliente 4 cucharadas de aceite de oliva en una sartén grande, a fuego medio-alto. Añada las rodajas de berenjena y fríalas por ambos lados hasta que estén blandas y empiecen a dorarse. Retírelas de la sartén y déjelas enfriar. Las rodajas soltarán el aceite mientras se enfrían.

3 Caliente el aceite de oliva que haya quedado en la sartén. Añada las cebolletas y el ajo y

fríalos durante 3 minutos, o hasta que las cebolletas estén blandas. Retírelos del fuego y resérvelos, con la berenjena, hasta que se enfríen.

4 Ponga todos los ingredientes en un robot de cocina y tritúrelos hasta obtener un puré. Vierta la salsa en un bol para servir, añada el perejil y mézclelo todo. Pruebe la salsa y rectifique de sal, si hace falta. Sírvala enseguida, o tápela y déjela enfriar hasta que queden 15 minutos para servirla. Espolvoréela con el pimentón y sírvala acompañada del pan de barra.

Salsa de berenjena y pimiento

PARA 6-8 PERSONAS

- 2 berenjenas grandes
- 2 pimientos rojos
- 4 cucharadas de aceite de oliva
- 2 dientes de ajo, picados gruesos
- la ralladura y el zumo de ½ limón
- 1 cucharada de cilantro picado y unas ramitas para decorar
- ½-1 cucharadita de pimentón dulce
- sal y pimienta
- pan o tostadas, para servir

1 Precaliente el horno a 190 °C. Pinche la piel de las berenjenas y pimientos con un tenedor y píntelos con una cucharada de aceite de oliva. Póngalos sobre una bandeja y cuézalos en el horno precalentado durante 45 minutos, o hasta que las pieles empiecen a estar negras, las berenjenas, muy blandas y los pimientos se hayan deshinchado.

2 Ponga las verduras cocidas en un bol y tápelas con un trapo de cocina limpio y húmedo. También puede meterlas en una bolsa de plástico y dejarlas reposar durante 15 minutos, o hasta que se hayan enfriado lo suficiente como para poder trabajar con ellas.

3 Cuando las verduras se hayan enfriado, corte las berenjenas por la mitad, a lo largo, quitándoles la piel con cuidado, y luego, córtelas en trozos grandes. Quite el tallo, el corazón y las semillas de los pimientos y córtelos en trozos grandes.

4 Caliente el aceite de oliva restante en una sartén. Añada las berenjenas y los pimientos y fríalos durante 5 minutos. Agregue el ajo y fríalo 30 segundos.

5 Saque las verduras de la sartén y póngalas sobre papel de cocina para que suelten el aceite sobrante; luego, métalas en un robot de cocina. Añada la ralladura y el zumo de limón, el cilantro picado, el pimentón y sal y pimienta al gusto, y tritúrelo todo hasta obtener un puré.

6 Ponga la salsa de berenjena y pimiento en un bol para servir. Sírvala caliente o a temperatura ambiente, o bien déjela enfriar unos 30 minutos, póngala en la nevera, al menos 1 hora, y sírvala fría. Decórela con unas ramitas de cilantro por encima y acompáñela de rebanadas gruesas de pan o tostadas para mojar.

VARIACIÓN: En vez de asar las berenjenas y los pimientos en el horno, pueden asarse debajo del grill precalentado hasta que la piel se haya ennegrecido. Deberá girarlos con frecuencia, y le llevará unos 10 minutos. Esta salsa también es ideal para servirla con platos de carne fría.

Berenjenas marinadas

PARA 4 PERSONAS

2 berenjenas cortadas
por la mitad a lo largo
4 cucharadas de aceite
de oliva
2 dientes de ajo picados
finos
2 cucharadas de perejil
fresco picado
1 cucharada de tomillo
fresco picado
2 cucharadas de zumo
de limón
sal y pimienta

SUGERENCIA: Las variedades
modernas de berenjena son
menos amargas, así que no
hace falta salarlas, sobre
todo si se van a asar en
vez de freír.

1 Haga 2 o 3 cortes en las mitades de las berenjenas y póngalas en una fuente de horno, con la cara cortada boca abajo. Salpiméntelas al gusto, vierta el aceite de oliva por encima y espolvoréelas con el ajo, el perejil y el tomillo. Tápelas y déjelas marinar a temperatura ambiente durante 2 o 3 horas.

2 Precaliente el horno a 180 °C. Destape la fuente y ase las berenjenas en el horno precalentado durante 45 minutos. Saque la fuente del horno y dé la vuelta a las berenjenas. Rocíelas primero con el jugo de cocción y luego con el zumo de limón. Vuelva a meterlas en el horno durante 15 minutos más.

3 Coloque las berenjenas en platos para servir. Rocíelas con el jugo de cocción y sírvalas calientes o templadas.

Ensalada de cebolla dulce

PARA 4-6 PERSONAS

4 cebollas españolas
2 cucharadas de perejil
  fresco picado
85 g de aceitunas negras
  sin hueso
1 cucharada de vinagre
  de jerez
2 cucharadas de vinagre
  de vino tinto
230 ml de aceite de oliva
1 cucharada de agua
sal y pimienta

SUGERENCIA: Las cebollas
españolas son grandes y
dulces. En su lugar, puede
utilizar cebollas blancas o
rojas que también son dulces.
Pero como suelen ser más
pequeñas, necesitará 5 o 6.

1 En una olla grande, ponga a
hervir agua con un poco de sal.
Cuando rompa el hervor, añada las
cebollas y hiérvalas a fuego lento
durante 20 minutos, o hasta que
estén tiernas. Escúrralas y déjelas
reposar hasta que estén lo suficientemente frías como para trabajar
con ellas.

2 Corte las cebollas en rodajas
gruesas y colóquelas en un
plato llano. Vierta por encima el
perejil y las aceitunas y sazónelas
al gusto con pimienta.

3 Mezcle y bata el aceite y los
vinagres en un bol, luego
añada suficiente agua y siga batiendo hasta obtener una vinagreta
cremosa.

4 Aliñe las cebollas con la vinagreta y sírvalas a temperatura
ambiente.

Cebollas rellenas asadas al horno

PARA 4 PERSONAS

4 cebollas españolas grandes
2 lonchas de bacón magro
    cortadas en dados
½ pimiento rojo cortado por
    la mitad, sin semillas, y
    luego cortado en dados
130 g de carne magra de
    ternera picada
1 cucharada de varias
    hierbas frescas picadas,
    como perejil, romero y
    tomillo, o 1 cucharada
    de hierbas secas
mantequilla, para untar
300 ml de caldo de ternera
25 g de pan rallado
sal y pimienta
arroz de grano largo cocido,
    decorado con perejil
    fresco, para servir

SALSA

30 g de mantequilla
170 g de champiñones
    cortados finos
300 ml de caldo de ternera
2 cucharadas de maicena
2 cucharadas de agua

1 Precaliente el horno a 180 °C. Ponga las cebollas en una olla con agua y un poco de sal y deje que rompa el hervor. Baje el fuego y déjelas hervir 15 minutos, o hasta que estén tiernas.

2 Saque las cebollas de la olla, escúrralas y déjelas enfriar un poco. Quíteles la parte del centro y píquela fina.

3 Caliente una sartén y fría el bacón hasta que haya soltado toda la grasa. Añada la cebolla y el pimiento rojo picados y fríalos durante 5 o 7 minutos, removiéndolos con frecuencia.

4 Añada la ternera y fríala, removiéndola, 3 minutos, o hasta que esté dorada. Retire la sartén del fuego, añada las hierbas y

la miga de pan y remuévalo todo. Sazone al gusto con sal y pimienta.

5 Unte con mantequilla una fuente de horno y coloque en ella las cebollas enteras. Rellénelas con la mezcla de ternera y vierta el caldo a su alrededor. Áselas en el horno precalentado 1 o 1½ horas, o hasta que estén tiernas.

6 Para hacer la salsa que acompañará este plato, caliente la mantequilla en una sartén pequeña. Añada los champiñones y fríalos durante 3 o 4 minutos. Cuele el líquido de las cebollas, añádalo a la sartén con el caldo y deje que se haga durante 2 o 3 minutos, aproximadamente.

7 Mezcle el pan rallado con el agua, añádalo a la salsa y caliéntela. Vaya removiéndola hasta que quede homogénea y espesa. Sazone al gusto con sal y pimienta. Sirva las cebollas acompañadas por la salsa y el arroz decorado con perejil.

Salsa de habas al estilo árabe

PARA 6 PERSONAS

300 g de habas frescas
o congeladas, peladas
5 cucharadas de aceite
de oliva
1 diente de ajo picado fino
1 cebolla picada fina
1 cucharadita de comino
molido
1 cucharada de zumo
de limón
180 ml de agua
1 cucharada de menta
fresca picada
sal y pimienta
pimentón dulce, para decorar
verduras crudas, pan tostado
o bastoncillos, para servir

1 Si va a utilizar habas frescas, ponga a hervir agua con un poco de sal en una cazuela. Cuando rompa el hervor, añada las habas, baje el fuego y déjelas hervir, tapadas, a fuego lento unos 7 minutos. Escúrralas bien y enfríelas bajo el grifo. Vuelva a escurrirlas y pélelas. Si usa habas congeladas, deje que se descongelen totalmente y pélelas.

2 Caliente 1 cucharada de aceite de oliva en una sartén. Añada el ajo, la cebolla y el comino y fríalos a fuego lento, removiéndolos de vez en cuando, hasta que la cebolla se haya ablandado y esté translúcida. Añada las habas y cuézalas, removiéndolas con frecuencia, durante 5 minutos.

3 Retire la sartén del fuego y ponga la mezcla en un robot de cocina. Añada el zumo de limón, el aceite de oliva restante, el agua y la menta y tritúrelo todo hasta obtener una pasta. Sazónela al gusto con sal y pimienta.

4 Vuelva a poner la pasta en la sartén y caliéntela a fuego lento hasta que esté templada. Póngala en boles individuales y espolvoréela con pimentón dulce. Sírvala con algún ingrediente para mojar.

SUGERENCIA: Las típicas hierbas y especias árabes todavía se utilizan en la cocina española moderna, sobre todo en el sur del país

Habas con queso y gambas

PARA 6 PERSONAS

300 g de habas frescas
o congeladas, peladas
2 ramitas de tomillo fresco
225 g de gambas cocidas
peladas
225 g de queso majorero o
gruyer, cortado en dados
6 cucharadas de aceite
de oliva
2 cucharadas de zumo
de limón
1 diente de ajo, picado fino
sal y pimienta

1 En una olla, ponga a hervir agua con un poco de sal. Cuando rompa el hervor, añada las habas y una ramita de tomillo. Luego baje el fuego y hierva las habas a fuego lento, tapadas, durante 7 minutos. Escúrralas bien, páselas por debajo del chorro de agua fría y vuelva a escurrirlas.

2 A no ser que las habas sean muy tiernas, pélelas. Póngalas en un bol y añádales el queso y las gambas.

3 Pique la ramita de tomillo restante. Mezcle y bata el aceite de oliva, el zumo de limón, el ajo y el tomillo picado en un bol aparte y sazone al gusto con sal y pimienta.

4 Aliñe las habas con la mezcla. Mézclelo todo un poco y ya puede servir el plato.

Habas con jamón serrano

PARA 6-8 PERSONAS

55 g de jamón serrano,
jamón curado, panceta
o bacón magro ahumado
sin corteza

115 g de chorizo, sin la piel

4 cucharadas de aceite
de oliva

1 cebolla picada fina

2 dientes de ajo picados
finos

un chorrito de vino blanco
seco

450 g de habas congeladas,
totalmente descongeladas,
o 1,3 kg de habas frescas
con sus vainas, para
obtener 450 g de habas
peladas

1 cucharada de menta o
eneldo frescos, y un poco
más para decorar

una pizca de azúcar

sal y pimienta

1 Corte el jamón, la panceta o el bacón en tiras pequeñas. Corte el chorizo en dados de 2 cm. Caliente el aceite en una sartén grande de base gruesa o en una fuente refractaria con tapa. Añada la cebolla y fríala 5 minutos, o hasta que se ablande. Si utiliza panceta o bacón, añádalos con la cebolla. Agregue el ajo y fríalo otros 30 segundos.

2 Vierta el vino en la sartén, suba el fuego y deje que borbotee hasta que el alcohol se haya evaporado. Luego baje el fuego, añada las habas, el jamón y el chorizo y fríalos 1 o 2 minutos, sin dejar de remover, para naparlos con el aceite.

3 Tape la sartén y deje hervir las habas a fuego lento en el aceite, removiéndolas de vez en cuando, entre 10 y 15 minutos, o hasta que las habas estén tiernas. Puede que tenga que añadir agua durante la cocción si las habas están quedando demasiado secas. Añada el eneldo y el azúcar y mezcle. Sazone al gusto con sal y pimienta, pero pruébelas primero, por si no hiciera falta salarlas.

4 Ponga las habas en un plato grande y caliente para servir, o bien en varios platos individuales. Sírvalas bien calientes, decoradas con eneldo picado.

Legumbres variadas

PARA 4-6 PERSONAS

175 g de habas frescas
  o congeladas, peladas
115 g de judías verdes
  frescas o congeladas
115 g de guisantes
1 chalote picado fino
6 ramitas de menta fresca
4 cucharadas de aceite
  de oliva
1 cucharada de vinagre
  de jerez
1 diente de ajo picado fino
sal y pimienta

1 En una cazuela, ponga agua con un poco de sal. Cuando rompa el hervor, añada las habas, baje el fuego y déjelas hervir, tapadas, durante 7 minutos. Retire las habas con una espumadera, sumérjalas en agua fría y escúrralas. A continuación, pélelas.

2 Mientras tanto, ponga a hervir otra vez agua en la cazuela. Añada las judías verdes y deje que el agua vuelva a romper el hervor. Escurra las judías y páselas por debajo del chorro de agua fría. Escúrralas bien.

3 En un bol, mezcle las habas, las judías verdes, los guisantes y el chalote. Corte las hojas de las ramitas de menta, reserve la mitad y añada el resto a la mezcla de legumbres. Corte fina la menta reservada.

4 Mezcle y bata el aceite de oliva, el vinagre, el ajo y la menta picada en un bol aparte y sazone al gusto con sal y pimienta. Aliñe las legumbres con la vinagreta y mézclelas un poco. Tápelas con film transparente y déjelas reposar hasta que vaya a servirlas.

Tomates cereza rellenos

PARA 8 PERSONAS
24 tomates cereza
RELLENO DE ANCHOA Y ACEITUNA
50 g de filete de anchoa conservadas en aceite de oliva
8 aceitunas verdes rellenas de pimiento, picadas finas
2 huevos duros grandes, picados finos
pimienta
RELLENO DE MAYONESA DE CANGREJO
175 g de carne de cangrejo en conserva, escurrida
4 cucharadas de mayonesa
1 cucharada de perejil fresco picado
sal y pimienta
pimentón dulce, para decorar
RELLENO DE ACEITUNAS NEGRAS Y ALCAPARRAS
12 aceitunas negras sin hueso
3 cucharadas de alcaparras
6 cucharadas de alioli (véase página 12)
sal y pimienta

1 Corte un trocito de la base de los tomates de manera que queden planos y estables. Asimismo, corte un trozo fino de la parte superior de los mismos. Con un cuchillo de sierra o una cucharilla, extraiga la pulpa y las semillas. Coloque los tomates boca abajo sobre papel de cocina y deje que se escurran durante 5 minutos.

2 Para hacer el relleno de anchoa y aceituna, escurra las anchoas, reservando el aceite de oliva para más tarde, y luego píquelas finas y póngalas en un bol. Añada las aceitunas y los huevos duros. Vierta poco a poco el aceite de oliva reservado para humedecer

la mezcla y sazónela con pimienta. (No eche sal, las anchoas ya son saladas.) Mézclelo todo bien.

3 Para hacer el relleno de mayonesa de cangrejo, ponga la carne de cangrejo, la mayonesa y el perejil en un bol y mézclelo todo bien. Sazone el relleno con sal y pimienta al gusto. Espolvoreélo con pimentón dulce antes de servir.

4 Para hacer el relleno de aceitunas negras y alcaparras, ponga ambos ingredientes sobre papel de cocina para que se escurran bien; luego, píquelos finos y póngalos en un bol. Añada el alioli

y mézclelo todo bien. Sazone el relleno con sal y pimienta al gusto.

5 Llene una manga pastelera con una boquilla sencilla de 2 cm de diámetro con el relleno de su elección y utilícela para rellenar los tomates. Guarde éstos en la nevera hasta el momento de servirlos.

Ensalada de tomate y aceitunas

PARA 6 PERSONAS

2 cucharadas de vinagre
de jerez o de vino tinto

5 cucharadas de aceite
de oliva

1 diente de ajo picado fino

1 cucharadita de pimentón
dulce

4 tomates pelados y
cortados en dados

12 aceitunas rellenas de
anchoa o pimiento

½ pepino pelado y cortado
en dados

2 chalotes picados finos

1 cucharada de alcaparras
en salmuera, escurridas

2-3 endivias separadas en
hojas

sal

1 Primero, haga el aliño. En un bol, mezcle y bata el vinagre, el aceite de oliva, el ajo y el pimentón dulce. Sálelo al gusto y resérvelo.

2 En un bol aparte, ponga los tomates, las aceitunas, el pepino, los chalotes y las alcaparras. Vierta el aliño por encima y mézclelo un poco.

3 Forre 6 boles de servir con las hojas de endivia. Añada la misma cantidad de ensalada en el centro de cada uno y ya puede servirlo a la mesa.

Tomates rellenos de arroz

PARA 4-8 PERSONAS

- 750 g de arroz de grano largo
- 110 g de aceitunas negras sin hueso y picadas
- 3 cucharadas de aceite de oliva
- 4 tomates grandes de ensalada cortados por la mitad
- 4 cucharadas de perejil fresco picado
- sal y pimienta

1 Ponga a hervir agua con sal en una olla grande. Cuando rompa el hervor, añada el arroz, espere a que vuelva a hervir y remuévalo una sola vez. Baje el fuego y hierva el arroz durante 10 o 15 minutos, o hasta que esté tierno. Escúrralo bien, páselo por debajo del chorro de agua fría y vuelva a escurrirlo. Esparza el arroz en un plato llano cubierto con papel de cocina y déjelo secar durante 1 hora.

2 En un bol, mezcle el arroz, las aceitunas y el aceite de oliva y eche bastante pimienta. Es probable que no sea necesario añadir sal. Tápelo con film transparente y

déjelo reposar a temperatura ambiente durante 8 horas o toda la noche.

3 Corte un trozo de la parte superior de los tomates y, con una cucharilla, quíteles con cuidado las semillas, sin atravesarlos. Extraiga la pulpa, córtela fina y añádala a la mezcla de arroz y aceitunas. Sazone el interior de los tomates con sal al gusto, póngalos boca abajo y déjelos escurrir sobre papel de cocina durante 1 hora.

4 Seque bien el interior de los tomates con papel de cocina y luego distribuya la mezcla de arroz y aceitunas entre ellos. Espolvoréelos con perejil y sírvalos.

VARIACIÓN: Esta receta también está deliciosa si se utilizan pimientos rojos o amarillos como «recipientes» del relleno. Córtelos por la mitad, quíteles las semillas y escáldelos en agua hirviendo con un poco de sal durante 5 minutos. Escúrralos bien, páselos por debajo del chorro de agua fría y escúrralos otra vez. Pele 4 tomates y quíteles las semillas, corte la pulpa en trocitos y añádala a la mezcla de arroz y aceitunas.

Tomates con ajo

PARA 6 PERSONAS
8 tomates de pera
3 ramitas de tomillo fresco,
y algunas más para
decorar
12 dientes de ajo sin pelar
70 ml de aceite de oliva
sal y pimienta

SUGERENCIA: Los tomates
maduradlos al sol son per-
fectos para este plato, ya
que su sabor es mucho más
intenso y dulce que el de
los tomates de invernadero.

1 Precaliente el horno a 220 °C.
Corte los tomates por la mitad a
lo largo y colóquelos en una fuente
de horno con la cara cortada boca
arriba. Ponga las ramitas de tomillo y el ajo entre los tomates.

40 o 45 minutos, o hasta que se
hayan ablandado y empiecen a ennegrecerse ligeramente por los lados.

2 Vierta el aceite de oliva por
encima de los tomates y sazone al gusto con pimienta. Áselos
en el horno precalentado durante

3 Deseche las ramitas de tomillo. Sazone los tomates con sal
y pimienta al gusto. Decórelos con
las ramitas extra y sírvalos calientes o templados. Ya en la mesa,
apriete los ajos para extraerles la
pulpa y póngala sobre los tomates.

Calabacín con queso a la vinagreta

PARA 6 PERSONAS

550 g de calabacín cortado
  a lo largo
6 cucharadas de aceite
  de oliva
175 g de queso manchego
  tierno o mozzarella,
  cortado en dados
sal y pimienta
hojas de melisa fresca,
  para decorar

VINAGRETA DE LIMÓN

5 cucharadas de aceite
  de oliva
4 cucharadas de zumo
  de limón
1 cucharada de miel clara
1 cucharadita de ralladura
  fina de limón

1 Precaliente el horno a 200 °C. Ponga los calabacines en una fuente, vierta el aceite de oliva por encima y sazónelos al gusto con sal y pimienta. Cúbralos bien con el aceite. Áselos en el horno precalentado durante 30 minutos, o hasta que estén dorados. Durante la cocción, deles la vuelta 2 o 3 veces.

2 Mientras tanto, haga la vinagreta de limón. En un bol, mezcle y bata el aceite de oliva, el zumo de limón, la miel y la peladura de limón y sazone al gusto con sal y pimienta.

3 Coloque los calabacines en una fuente para servir y vierta la vinagreta por encima. Mézclelo todo con cuidado y déjelo enfriar a temperatura ambiente. Justo antes de servir, eche el queso por encima y decore el plato con las hojas de melisa.

Buñuelos de calabacín con salsa para mojar

PARA 6-8 PERSONAS

450 g de calabacín tierno
3 cucharadas de harina
    común
1 cucharadita de pimentón
    dulce
1 huevo grande
2 cucharadas de leche
aceite de maíz
sal marina gruesa
salsa para mojar, como alioli
    (véase página 121), salsa de
    tomate picante (véase
    página 112) o salsa de
    piñones (véase abajo)

SALSA DE PIÑONES

120 g de piñones
1 diente de ajo pelado
3 cucharadas de aceite
    de oliva virgen extra
1 cucharada de zumo
    de limón
3 cucharadas de agua
1 cucharada de perejil
    fresco picado
sal y pimienta

1 Si ha elegido la salsa de piñones para servir con los buñuelos de calabacín, en primer lugar, ponga los piñones y el ajo en un robot de cocina y tritúrelos hasta obtener un puré. Con el motor aún en marcha, añada poco a poco el aceite de oliva, el zumo de limón y el agua hasta obtener una salsa homogénea. Agréguele el perejil y sazónela al gusto con sal y pimienta. Póngala en un bol para servir y resérvela.

2 Para preparar los calabacines, córtelos en trozos finos de unos 5 mm de grosor, en diagonal. Ponga la harina y el pimentón en una bolsa de plástico y mézclelos. En un bol grande, bata el huevo y la leche juntos.

3 Añada los trozos de calabacín a la mezcla de harina y cúbralos bien. Luego, deles unos golpecitos para eliminar el exceso de harina. En una sartén grande de base gruesa, vierta aceite de maíz hasta cubrir 1 cm de altura y caliéntelo. Pase los calabacines de uno en uno por el huevo y luego deslícelos en el aceite caliente. Fríalos por tandas, formando una sola capa cada vez para no llenar demasiado la sartén, unos 2 minutos, o hasta que estén crujientes y dorados.

4 Retire los trozos de calabacín de la sartén con la ayuda de una espumadera y déjelos escurrir en papel de cocina. Repita el proceso hasta haber freído todos los trozos.

5 Sirva los buñuelos muy calientes, espolvoreados con un poco de sal marina. Acompáñelos con un bol de la salsa que haya elegido.

VARIACIÓN: Se puede preparar el mismo plato utilizando berenjenas en vez de calabacines, y si lo prefiere, puede sustituir los piñones de la salsa por almendras.

Pimientos verdes fritos en abundante aceite

CADA BOLSA DE PIMIENTOS
DE 250 G SIRVE PARA 4-6
PERSONAS
aceite de oliva
pimientos verdes
 o de Padrón frescos
sal

VARIACIÓN: Para hacer
una tapa más elaborada,
tome una rebanada de pan
como base y ponga encima
un huevo frito, «sujetándolo»
con un palillo. Añada sobre
éste una guindilla o un
pimiento de Padrón.

1 Llene una sartén grande de base
gruesa con aceite de oliva hasta
cubrir 7.5 cm de altura y caliéntelo
a 190 °C, o hasta que un trozo de
pan se dore en 30 segundos.

2 Lave los pimientos y séquelos
con papel de cocina. Fríalos
en el aceite caliente no más de
20 segundos, o hasta que adquieran un tono verde brillante y se
formen ampollas en la piel.

3 Retírelos con una espumadera
y escúrralos bien en papel de
cocina. Espolvoréelos con sal y
sírvalos inmediatamente.

Coliflor frita en abundante aceite

PARA 4-6 PERSONAS

1 coliflor cortada en
    cogollitos
1 huevo
160 ml de leche
115 g de harina común
aceite vegetal
sal
salsa de tomate y pimiento
    rojo (véase página 7) o
    alioli (véase página 12),
    para servir

SUGERENCIA: En los bares
de tapas tradicionales de
toda España se pueden
encontrar buñuelos de todo
tipo. Se sirven solos o bien
acompañados de alguna
deliciosa salsa para mojarlos

1 En una cazuela grande, ponga a hervir agua con un poco de sal. Cuando rompa el hervor, añada los cogollitos de coliflor, baje el fuego y déjelos hervir durante 5 minutos. Escúrralos bien, páselos por debajo del chorro de agua fría y vuelva a escurrirlos.

2 En un bol, bata juntos el huevo y la leche. Poco a poco, añada la harina y una cucharadita de sal.

3 Mientras tanto, caliente abundante aceite vegetal a 180 o 190 °C, o hasta que un trozo de pan se dore en 30 segundos.

4 Reboce los trozos de coliflor en la mezcla de huevo y elimine el exceso; luego, fríalos en abundante aceite, por tandas, durante 5 minutos, o hasta que estén dorados. Póngalos sobre papel de cocina para eliminar el exceso de aceite y sírvalos calientes acompañados de la salsa de tomate y pimiento rojo o del alioli.

Judías verdes con piñones

PARA 8 PERSONAS
2 cucharadas de aceite
  de oliva
70 g de piñones
½/1 cucharadita de
  pimentón dulce
450 g de judías verdes
1 cebolla pequeña picada
  fina
1 diente de ajo picado fino
el zumo de ½ limón
sal y pimienta

1 Caliente el aceite de oliva en una sartén grande de base gruesa. Añada los piñones y saltéelos durante 1 minuto, sin dejar de remover y agitando la sartén, hasta que estén ligeramente dorados. Con una espumadera, retire los piñones de la sartén y déjelos escurrir bien en papel de cocina. Luego póngalos en un bol. Reserve el aceite en la sartén para más tarde. Añada a los piñones pimentón dulce al gusto y luego resérvelos.

2 Limpie las judías verdes y quíteles los hilitos, si fuera necesario. Ponga las judías en una cazuela y vierta encima agua hirviendo. Deje que el agua rompa otra vez el hervor y deje cocer las judías durante 5 minutos, o hasta que estén tiernas pero enteras. Escúrralas bien en un escurridor.

3 Vuelva a calentar el aceite en la sartén. Añada la cebolla y fríala durante 5 o 10 minutos, o hasta que se ablande y empiece a dorarse. Añada el ajo y fríalo unos 30 segundos más.

4 Añada las judías a la sartén y déjelas 2 o 3 minutos, removiéndolas junto con la cebolla hasta

que se calienten. Sazónelas al gusto con sal y pimienta.

5 Coloque el contenido de la sartén en un plato para servir caliente. Rocíelo con el zumo de limón y mézclelo todo. Luego eche los piñones y sirva el plato caliente.

Judías verdes con almendras

PARA 4-6 PERSONAS

300 g de judías verdes
115 g de mantequilla
25 g de almendras fileteadas
2 cucharaditas de zumo
   de limón
sal

VARIACIÓN: Para preparar
una deliciosa variación de
este plato, sustituya las
almendras por pistachos sin
sal picados, y el zumo de
limón, por zumo de naranja.

1 En una cazuela, ponga a hervir
agua. Cuando rompa el hervor,
añada las judías, baje el fuego y
déjelas hervir a fuego lento entre
8 y 10 minutos, o hasta que estén
tiernas.

2 Mientras tanto, derrita la
mantequilla en una sartén
honda. Añada las almendras y fríalas a fuego lento, removiéndolas
con frecuencia, unos 3 o 5 minutos, o hasta que se doren. Vierta
el zumo de limón y sálelas al gusto.

3 Escurra las judías y añádalas
a la sartén. Remuévalas bien
para que se mezcle todo, y luego
póngalas en platos individuales
y sírvalas calientes.

Judías verdes con salsa de tomate

PARA 6 PERSONAS

30 g de mantequilla

2 dientes de ajo picados finos

2 cebolletas picadas finas

1 kg de judías verdes cortadas en trozos de 2,5 cm
de largo

700 g de tomates en conserva cortados en trozos
pequeños

1 cucharada de piñones

1 cucharada de zumo
de limón

1 hoja de laurel

sal y pimienta

VARIACIÓN: Esta receta
también queda deliciosa
con vainas de guisante
(no hace falta cortarlas)

1 Derrita la mantequilla en una sartén grande de base gruesa. Añada el ajo y las cebolletas y fríalos a fuego medio, removiéndolos de vez en cuando, 3 o 4 minutos. Agregue las judías y cuézalas, removiéndolas con frecuencia, durante otros 4 minutos.

2 Añada los tomates, con el jugo de la conserva, los piñones, el zumo de limón y la hoja de laurel y sazónelos al gusto con sal y pimienta. Baje el fuego y hierva las judías a fuego lento durante unos 30 minutos, o hasta que estén tiernas y la salsa se haya espesado.

3 Retire la hoja de laurel. Pruebe y rectifique de sal, si es necesario. Distribuya las judías en platos individuales y sírvalas calientes.

Pepino a la mantequilla

PARA 4 PERSONAS

1 pepino grande pelado y
  cortado por la mitad
  a lo largo
55 g de mantequilla
1 cucharada de zumo
  de limón
1 cucharada de menta
  fresca, picada fina
sal y pimienta

SUGERENCIA: Puede servir
esta tapa con tenedores o
palillos, según la destreza
de sus invitados.

1 Con una cucharilla, quitele las
semillas al pepino. Corte cada
mitad en trozos de 2 cm de grosor
y póngalos en un escurridor; eche
sal sobre cada capa. Escúrralos
durante 30 minutos, luego páselos
por debajo del chorro de agua fría y
vuelva a escurrirlos bien. Séquelos
con papel de cocina.

2 Deshaga la mantequilla en
una sartén de base gruesa.
Añada el pepino y rehóguelo a
fuego medio, removiéndolo constantemente, durante 3 o 5 minutos,
o hasta que esté caliente.

3 Añada y remueva el zumo
de limón y la menta, y sazone
el pepino al gusto con pimienta.
Reparta el pepino en varios platos
y sírvalo caliente.

Ensalada de calabacín al estilo árabe

PARA 4-6 PERSONAS

300 g de calabacines
pequeños

más 4 cucharadas de
aceite de oliva

1 diente de ajo grande
cortado por la mitad

45 g de piñones

45 g de pasas

3 cucharadas de menta
fresca picada fina
(no utilice menta verde
ni hierbabuena)

más 2 cucharadas de
zumo de limón, o al gusto

sal y pimienta

1 Corte el calabacín en trozos finos. Caliente el aceite en una sartén grande a fuego medio. Añada el ajo, déjelo freír hasta que se dore para aromatizar el aceite y luego retírelo. Agregue el calabacín y fríalo, removiéndolo, hasta que esté tierno. Retírelo de la sartén y póngalo en un bol para servir grande.

2 Añada los piñones, las pasas, la menta, el zumo de limón y sal y pimienta al gusto, y mézclelo todo. Pruébelo y añada más aceite de oliva, zumo de limón y sal y pimienta, si es necesario.

3 Deje enfriar la ensalada. Tápela y déjela reposar como mínimo 3¹/2 horas. Sáquela de la nevera 10 minutos antes de servir.

SUGERENCIA: Esta ensalada queda mejor si se hace con calabacines pequeños y tiernos de no más de 2,5 cm de grosor. Si utiliza calabacines más grandes y no tan tiernos, córtelos primero por la mitad o en cuartos, a lo largo, y luego en rodajas finas.

VARIACIÓN: Para conseguir un sabor más intenso, pique 4 filetes de anchoa en aceite escurridos y añádalos en el paso 2

Ensalada de naranja e hinojo

PARA 4 PERSONAS

4 naranjas grandes
y jugosas
1 bulbo de hinojo grande,
cortado muy fino
1 cebolla blanca dulce
cortada fina
2 cucharadas de aceite
de oliva virgen extra
12 aceitunas negras sin
hueso, cortadas finas
1 guindilla roja fresca sin
semillas, cortada muy fina
(opcional)
perejil fresco picado fino
pan de barra, para servir

1 Ralle la cáscara de las naranjas finamente y reserve las ralladuras en un bol. Con un cuchillo de sierra pequeño, quite la parte blanca de las naranjas trabajando encima de un bol para recoger el zumo. Corte las naranjas en rodajas finas.

2 Mezcle los trozos de naranja con los de hinojo y cebolla. Bata el aceite, añádalo al zumo de naranja que había reservado y vierta la mezcla sobre las naranjas. Decore con las rodajitas de aceituna, añada la guindilla (si la utiliza) y, finalmente, la ralladura de naranja y el perejil. Sirva la ensalada con rebanadas de pan de barra.

Pimientos con requesón y hierbas frescas

PARA 7-8 PERSONAS

18.5 g de pimientos del piquillo
    enteros en conserva de
    lata o en tarro de cristal
    (véase página 16)
sal y pimienta
ramitas de hierbas frescas,
    para decorar

**RELLENO DE REQUESÓN
Y HIERBAS**

225 g de requesón
1 cucharadita de zumo
    de limón
1 diente de ajo machacado
4 cucharadas de perejil
    fresco picado
1 cucharada de menta
    fresca picada
1 cucharada de orégano
    fresco picado

**RELLENO DE MAYONESA
Y ATÚN**

200 g de atún en conserva en
    aceite de oliva, escurrido
3 cucharadas de mayonesa
2 cucharaditas de zumo
    de limón
2 cucharadas de perejil
    fresco, picado

**RELLENO DE QUESO DE
CABRA Y ACEITUNA**

30 g de aceitunas negras
    sin hueso, picadas finas
200 g de queso fresco de
    cabra
1 diente de ajo, machacado

1 Elija el relleno que desee. Saque los pimientos del tarro o la lata y reserve el aceite.

2 Para hacer el relleno de requesón y hierbas, ponga el requesón en un bol y añada el zumo de limón, el ajo, el perejil, la menta y el orégano. Mézclelo todo bien. Sazone al gusto con sal y pimienta.

3 Para hacer el relleno de mayonesa de atún, ponga el atún en

un bol y añada la mayonesa, el zumo de limón y el perejil. Añada una cucharada del aceite de los pimientos reservado y mézclelo todo bien. Sazone al gusto con sal y pimienta.

4 Para hacer el relleno de queso de cabra y aceitunas, ponga las aceitunas en un bol y añada el queso de cabra, el ajo y una cucha-

rada del aceite de los pimientos que había reservado. Mézclelo todo bien. Sazone al gusto con sal y pimienta.

5 Con una cucharilla, ponga el relleno que haya elegido dentro de los pimientos. Déjelos reposar en la nevera como mínimo 2 horas, hasta que queden firm

6 Para servir los pimientos, dispóngalos en un plato y, si es necesario, límpielos con papel de cocina para eliminar cualquier resto de relleno que haya quedado por fuera. Decórelos con ramitas de hierbas y sírvalos.

Espárragos con huevos fritos

PARA 6 PERSONAS
800 g de espárragos
   trigueros
2 cucharadas de aceite
   de oliva
6 huevos

1 Corte las bases gruesas y leñosas de los espárragos. Asegúrese de que todos los tallos sean más o menos de la misma longitud, y luego átelos, sin apretar, con un hilo. Si dispone de una cestita para cocer los espárragos, no hace falta que los ate.

2 En un cazo alto, ponga a hervir agua con un poco de sal. Cuando rompa el hervor, añada los espárragos, asegurándose de que las puntas sobresalgan por encima del agua. Baje el fuego y déjelos hervir durante 10 o 15 minutos, o hasta que estén tiernos. Compruébelo pinchándolos con la punta de un cuchillo afilado justo por encima del nivel del agua.

3 Mientras tanto, caliente un poco de aceite de oliva en una sartén grande de base gruesa. Añada 2 huevos (uno si no hay suficiente espacio) y fríalos a fuego medio-alto, o hasta que las claras estén hechas y las yemas, todavía líquidas. Póngalos en platos para servir calientes y fría los huevos restantes del mismo modo.

4 Escurra los espárragos y distribúyalos entre los platos. Sírvalos inmediatamente.

SUGERENCIA: Los espárragos pueden comerse con los dedos y mojarse en la yema del huevo frito. La clara no se come.

VARIACIÓN: También puede servir los espárragos con huevos pasados por agua para mojarlos del mismo modo.

Espárragos asados con jamón serrano

PARA 12 ESPÁRRAGOS
2 cucharadas de aceite
de oliva
6 lonchas de jamón serrano
12 espárragos trigueros
pimienta
alioli (véase página 12,
para servir

1 Precaliente el horno a 200 °C.
Ponga la mitad del aceite de
oliva en una fuente de horno para
asados y muévala circularmente
para que el aceite se reparta bien
por la base. Deberá colocar los
espárragos en una sola capa. Corte
cada loncha de jamón por la mitad,
a lo largo.

2 Corte las bases gruesas y
leñosas de los espárragos
y envuélvalos con un trozo de
jamón. Póngalos en la fuente de
horno preparada y píntelos ligeramente con el aceite de oliva restante. Sazone los espárragos con
pimienta.

3 Ase los espárragos en el horno
precalentado unos 10 minutos, según lo gruesos que sean, o
hasta que queden tiernos pero firmes. No los ase demasiado; es importante que queden firmes para
que pueda cogerlos con los dedos.

4 Sírvalos muy calientes con
un bol de alioli para mojarlos.

Puerros a la brasa

PARA 4 PERSONAS

8 puerros pequeños
2 cucharadas de aceite
de oliva, y un poquito más
para pintar
2 cucharadas de vinagre
de vino blanco
2 cucharadas de cebollinos
frescos, cortados
2 cucharadas de perejil
fresco, picado
1 cucharadita de mostaza
de Dijon
sal y pimienta
ramitas de perejil fresco,
para decorar

1 Quite las puntas de los puerros y córtelos por la mitad, a lo largo. Lávelos bien para eliminar la arenilla y séquelos con papel de cocina.

2 Caliente una bandeja de grill y píntela con aceite de oliva. Añada los puerros y áselos a fuego medio-alto, girándolos de vez en cuando, durante 5 minutos. Luego póngalos en un plato plano.

3 Mientras tanto, mezcle y bata el aceite de oliva, el vinagre, los cebollinos, el perejil y la mostaza en un bol, y sazone al gusto con sal y pimienta. Vierta la mezcla por encima de los puerros. Tápelos con film transparente y déjelos marinar a temperatura ambiente, girándolos de vez en cuando, durante unos 30 minutos.

4 Reparta los puerros en varios platos individuales, decórelos con ramitas de perejil fresco y sírvalos.

Pimientos asados con miel y almendras

PARA 6 PERSONAS

- 8 pimientos rojos sin semillas, cortados a cuartos
- 4 cucharadas de aceite de oliva
- 2 dientes de ajo cortados finos
- 25 g de almendras fileteadas
- 2 cucharadas de miel clara
- 2 cucharadas de vinagre de jerez
- 2 cucharadas de perejil fresco picado
- sal y pimienta

1 Precaliente la parrilla a fuego fuerte. Coloque los pimientos en una bandeja de horno con el lado de la piel hacia arriba y formando una sola capa. Áselos bajo el grill caliente 8 o 10 minutos, o hasta que se formen ampollas en la piel y se ennegrezca. Con unas pinzas,

póngalos en una bolsa de plástico, átela y déjelos enfriar.

2 Cuando los pimientos estén lo suficientemente fríos como

para poder trabajar con ellos, pélelos con los dedos o un cuchillo. Córtelos en trozos pequeños y póngalos en un bol.

3 Caliente el aceite de oliva en una sartén grande de base gruesa. Añada el ajo y fríalo a fuego lento, removiendo con frecuencia,

4 minutos, o hasta que se dore. Añada y remueva las almendras, la miel y el vinagre, y luego eche la mezcla por encima del pimiento. Añada el perejil y salpimiente al gusto. Mézclelo todo bien.

4 Déjelos enfriar a temperatura ambiente antes de ponerlos en los platos. También puede taparlos y dejarlos en la nevera; sírvalos a temperatura ambiente.

Ensalada de pimientos asados

PARA 8 PERSONAS

3 pimientos rojos
3 pimientos amarillos
5 cucharadas de aceite
de oliva virgen extra
2 cucharadas de vinagre
de jerez o zumo de limón
2 dientes de ajo machacados
una pizca de azúcar
1 cucharada de alcaparras
8 aceitunas negras pequeñas
sal y pimienta
2 cucharadas de mejorana
fresca picada, y más
ramitas para decorar

1 Precaliente una parrilla. Ponga todos los pimientos sobre ella, una vez esté bien caliente, y áselos durante 10 minutos, o hasta que la piel se ennegrezca; deles la vuelta con frecuencia.

2 Retire los pimientos asados del fuego, póngalos en un bol y tápelos enseguida con un trapo de cocina limpio y húmedo.

3 Otra opción es meter los pimientos en una bolsa de plástico. El vapor ayuda a que la piel se ablande y sea más fácil de retirar. Deje reposar los pimientos 15 minutos, o hasta que estén fríos y se pueda trabajar con ellos.

4 Coja 1 pimiento y, sosteniéndolo encima de un bol limpio, hágale un agujerito con un cuchillo afilado en la base y apriételo con cuidado para extraerle el jugo. Resérvelo. Todavía aguantando el pimiento sobre el bol, pélelo con los dedos o un cuchillo. Corte los pimientos por la mitad, quíteles el tallo, el corazón y las semillas, y córtelos en tiras finas. Dispóngalas

de un modo atractivo en un plato para servir.

5 Añada el aceite de oliva, el vinagre de jerez, el ajo, el azúcar y sal y pimienta al gusto al jugo de los pimientos que había reservado. Mezclélo y bátalo todo; aliñe la ensalada con esta mezcla.

6 Coloque las alcaparras, las aceitunas y la mejorana picada encima de la ensalada y decórela con ramitas de mejorana. Sírvala a temperatura ambiente.

Corazones de alcachofa y espárragos

PARA 4-6 PERSONAS

450 g de espárragos
  trigueros
400 g de corazones de
  alcachofa en conserva,
  escurridos y limpios
2 cucharadas de zumo de
  naranja recién exprimida
½ cucharadita de ralladura
  fina de naranja
2 cucharadas de aceite
  de nuez
1 cucharadita de mostaza
  de Dijon
hojas para ensalada de
  distintas clases, para servir
sal y pimienta

1 Corte las bases gruesas y leñosas de los espárragos. Asegúrese de que los tallos sean más o menos de la misma longitud y luego átelos, sin apretar, con un hilo. Si dispone de una cestita para cocer los espárragos, no es necesario que los ate.

2 En un cazo alto, ponga a hervir agua con un poco de sal. Cuando rompa el hervor, añada los espárragos, asegurándose de que las puntas sobresalgan por encima del agua. Baje el fuego y déjelos hervir a fuego lento unos 10 o 15 minutos, o hasta que estén tiernos. Para comprobarlo, pínchelos con la punta de un cuchillo afilado justo por encima del nivel del agua. Escúrralos, páselos por

debajo del chorro de agua fría y vuelva a escurrirlos.

3 Corte los espárragos en trozos de 2,5 cm, con las puntas intactas. Trocee los corazones de alcachofa y mézclelos con los espárragos.

4 En otro bol, mezcle y bata el zumo de naranja, la ralladura de naranja, el aceite de nuez y la

mostaza, y sazone al gusto con sal y pimienta. Si va a servir el plato enseguida, aliñe los corazones y los espárragos con la mezcla.

5 Disponga las hojas para ensalada en los platos y añada la mezcla de alcachofa y espárragos. Sírvalo enseguida. Otra opción es guardar la ensalada en la nevera, tapada, y aliñarla antes de servir.

Ensalada de melón, chorizo y alcachofa

PARA 8 PERSONAS
12 alcachofas pequeñas
el zumo de ½ limón
2 cucharadas de aceite
  de oliva
1 melón cantaloup pequeño
200 g de chorizo pelado
ramitas de estragón o perejil
  fresco, para decorar

ALIÑO
3 cucharadas de aceite
  de oliva virgen extra
1 cucharada de vinagre
  de vino tinto
1 cucharadita de mostaza
  preparada
1 cucharada de estragón
  fresco, picado
sal y pimienta

1 Para preparar las alcachofas, córteles los tallos. Con las manos, quíteles las hojas más duras, rompiéndolas por la base, hasta que se vean las hojas tiernas del interior. Con unas tijeras, corte las puntas de las hojas. Con un cuchillo afilado, corte la piel verde oscura de la base y el tallo. A medida que las va preparando, pinte las superficies cortadas de las alcachofas con zumo de limón para evitar que se ennegrezcan. Otra opción es llenar un bol de agua fría, añadirle el zumo de limón y sumergir las alcachofas en él. Con cuidado, quite las barbas de la alchachofa (los pelitos del centro) con los dedos o una cuchara. Es muy importante retirarlas todas, ya que si se ingieren, pueden irritar la garganta. Sin embargo, si utiliza alcachofas muy tiernas, no hace falta que le quite las barbas, e incluso puede dejar también el tallo, bien limpio y pelado, ya que quedará bastante tierno. Corte las alcachofas a cuartos y vuelva a pintarlas con zumo de limón.

2 Caliente el aceite de oliva en una sartén grande de base gruesa. Añada las alcachofas preparadas y fríalas, removiéndolas con frecuencia, 5 minutos, o hasta que las hojas estén doradas. Retírelas de la sartén, póngalas en un bol para servir y déjelas enfriar.

3 Para preparar el melón, córtelo por la mitad y quítele las pepitas con una cuchara. Corte la pulpa en trozos pequeños. Añádalos a las alcachofas frías. Corte el chorizo en trozos pequeños y añádalos al melón y a las alcachofas.

4 Para hacer el aliño, ponga todos los ingredientes en un bol pequeño y bátalos. Justo antes de servir, viértalo sobre la ensalada preparada y mézclelo todo bien. Sirva la ensalada decorada con ramitas de estragón o perejil.

VARIACIÓN: Puede utilizar jamón serrano en vez de chorizo. Si es así, córtelo en tacos

Champiñones al ajillo

PARA 6 PERSONAS

450 g de champiñones

5 cucharadas de aceite
de oliva

2 dientes de ajo picados
finos

zumo de limón

4 cucharadas de perejil
fresco picado

sal y pimienta

trozos de limón, para decorar

pan de barra, para servir

VARIACIÓN: Para este plato
pueden usarse otras setas,
como boletos o rebozuelos.
También puede prepararlo
utilizando calabacín, con una
cebolla pequeña, picada fina,
frita en aceite hasta que
esté ligeramente dorada,
antes de añadirle el ajo.

1 Limpie los champiñones con un
trapo limpio o un pincel y luego
córteles el tallo, casi a ras del som-
brerete. Corte los champiñones
más grandes por la mitad o a cuartos. Caliente el aceite de oliva en
una sartén grande de base gruesa.
Añada el ajo y fríalo 30 segundos o
1 minuto, o hasta que estén ligeramente dorados. Añada los champiñones y saltéelos a fuego fuerte,
removiéndolos con frecuencia, hasta
que hayan absorbido todo el aceite.

2 Baje el fuego al mínimo.
Cuando los champiñones
hayan soltado todo su jugo, vuelva
a subir el fuego y saltéelos durante
4 o 5 minutos, removiéndolos con

frecuencia, o hasta que el jugo
se haya evaporado casi del todo.
Agregue el zumo de limón y sazone al gusto con sal y pimienta.
Añada y mezcle el perejil y saltéelo
1 minuto más.

3 Ponga los champiñones en un
plato caliente y decórelos con
trocitos de limón. Sírvalos muy
calientes o bien templados.

Champiñones con guindilla

PARA 6-8 PERSONAS

- 55 g de mantequilla
- 5 cucharadas de aceite de oliva
- 1 kg de champiñones
- 4 dientes de ajo grandes picados finos
- 1 guindilla roja fresca sin semillas, picada fina
- 1 cucharada de zumo de limón
- sal y pimienta
- ramitas de perejil fresco, para decorar

1 En una sartén grande de base gruesa, caliente la mantequilla en el aceite de oliva. Cuando se haya derretido, añada los champiñones, el ajo y la guindilla, y fríalos a fuego medio-bajo, removiendo con frecuencia, durante 5 minutos.

2 Añada el zumo de limón, remueva y sazone al gusto con sal y pimienta.

3 Ponga los champiñones en platos calientes, decórelos con unas ramitas de perejil y sírvalos enseguida.

Champiñones rellenos

PARA 6 PERSONAS

170 g de mantequilla
4 dientes de ajo picados finos
6 champiñones grandes y abiertos, sin tallo
50 g de pan rallado
1 cucharada de tomillo fresco picado
1 huevo ligeramente batido
sal y pimienta

1 Precaliente el horno a 180 °C. Bata la mantequilla en un bol hasta que se ablande, añádale el ajo y bátalo todo. Reparta dos tercios de la mantequilla de ajo entre los sombreretes de los champiñones y disponga éstos en una bandeja de horno, boca arriba.

2 Derrita la mantequilla de ajo restante en una sartén honda o antiadherente. Añada el pan rallado y rehóguelo a fuego lento, removiéndolo con frecuencia, hasta que esté dorado. Retírelo de la sartén y póngalo en un bol. Añada el tomillo, remueva y sazone al gusto con sal y pimienta. Agregue ahora el huevo batido y remueva hasta que esté todo bien mezclado.

3 Reparta la mezcla de pan rallado entre los sombreretes de los champiñones y áselos en el horno precalentado durante unos 15 minutos, o hasta que el relleno esté dorado y los champiñones, tiernos. Sírvalos calientes o bien templados.

SUGERENCIA: Para hacer una tapa más sustanciosa, sirva los champiñones sobre pan tostado. Haga círculos de pan con un cortapastas y luego tuéstelos por ambos lados. Úntelos con mantequilla normal o mantequilla de ajo y coloque encima un champiñón relleno.

Pimientos rellenos

PARA 6 PERSONAS

6 cucharadas de aceite
de oliva, y un poquito
más para frotarlo en
los pimientos

2 cebollas picadas finas

2 dientes de ajo machacados

135 g de arroz de grano
corto

45 g de pasas

45 g de piñones

60 g de perejil fresco picado
fino

1 cucharada de concentrado
de tomate disuelta en
710 ml de agua caliente

sal y pimienta

6 pimientos rojos, verdes o
amarillos (o una mezcla de
colores), o 6 de la variedad
mediterránea larga

1 Precaliente el horno a 200 °C. Caliente el aceite en una cazuela de base gruesa. Añada las cebollas y fríalas durante 3 minutos. Agregue el ajo y fríalo 2 minutos más, o hasta que la cebolla esté blanda pero no dorada.

2 Añada y remueva el arroz, las pasas y los piñones con el aceite, y luego añada la mitad del perejil y sal y pimienta al gusto. Agregue el concentrado de tomate, remuévalo todo y deje que rompa el hervor. Baje el fuego y déjelo hervir, sin tapar y agitando la cazuela con frecuencia, durante 20 minutos, o hasta que el arroz esté tierno, el líquido se haya absorbido y aparezcan burbujas en la superficie. Vigile que las pasas no se quemen. Añada el resto de perejil, remuévalo todo y déjelo enfriar un poco.

3 Mientras hierve el arroz, corte la parte superior de los pimientos y resérvela. Retíreles el corazón y las semillas (*véase* sugerencia).

4 Distribuya el relleno entre los pimientos a partes iguales. Tápelos con las partes superiores que había reservado y asegure estas últimas con palillos. Frote ligeramente los pimientos con aceite de oliva y dispóngalos en una fuente de horno formando una sola capa. Áselos en el horno precalentado durante 30 minutos, o hasta que estén tiernos. Sírvalos calientes o déjelos enfriar a temperatura ambiente.

SUGERENCIA: Si utiliza pimientos de la variedad mediterránea, que son más largos, use un sacabolas, una cucharilla o un pelalegumbres para quitar las semillas más fácilmente.

Pimientos rojos con vinagre y alcaparras

PARA 6 PERSONAS

1 cucharada de alcaparras
4 cucharadas de aceite
de oliva
1 kg de pimientos rojos sin
semillas, cortados por la
mitad y luego en tiras
4 dientes de ajo picados
finos
2 cucharadas de vinagre
de jerez
sal y pimienta

1 Si utiliza alcaparras saladas, quíteles la sal con los dedos. Si utiliza alcaparras en vinagre, escúrralas y lávelas bien.

2 Caliente el aceite en una sartén de base gruesa. Añada las tiras de pimiento y fríalas a fuego medio, removiéndolas con frecuencia, durante 10 minutos, o hasta que se ablanden y luego los bordes se ennegrezcan. Añada las alcaparras y el ajo y fríalos entre 2 y 3 minutos más.

3 Añada el vinagre, remuévalo todo y sazone al gusto con sal y pimienta (si utiliza alcaparras saladas, eche poca sal). Déjelos freír 1 o 2 minutos y luego retire la sartén del fuego. Sírvalos inmediatamente o déjelos enfriar. Tápelos y déjelos reposar antes de servirlos.

SUGERENCIA: Para este plato, las alcaparras con sal son mejores que las alcaparras en vinagre. También puede probar con las alcaparras en aceite de oliva y utilizar un poco de éste para cocinar.

Pimientos asados con queso muy picante

PARA 6 PERSONAS

- 1 pimiento rojo cortado por la mitad y sin semillas
- 1 pimiento naranja cortado por la mitad y sin semillas
- 1 pimiento amarillo cortado por la mitad y sin semillas
- 115 g de queso Afuega'l Pitu u otro tipo de queso picante, cortado en dados
- 1 cucharada de miel clara
- 1 cucharada de vinagre de jerez
- sal y pimienta

1 Precaliente el grill a fuego fuerte. Coloque los pimientos en una bandeja de horno con el lado de la piel boca arriba, formando una sola capa. Áselos bajo el grill caliente unos 8 o 10 minutos, o hasta que la piel se ennegrezca. Con unas pinzas, meta los pimientos en una bolsa de plástico, átela y déjelos enfriar.

2 Cuando los pimientos estén lo suficientemente fríos como para poder trabajar con ellos, péle-los con los dedos o un cuchillo. Póngalos en un plato para servir y eche el queso por encima.

3 En un bol, mezcle y bata la miel y el vinagre y sazone al gusto con sal y pimienta. Aliñe los pimientos con la mezcla, tápelos y déjelos reposar hasta el momento de servirlos.

SUGERENCIA: Afuega'l Pitu significa «fuego en el estómago», y describe perfectamente este queso con pimentón originario de Asturias. Si no lo encuentra, puede utilizar queso Liptauer, originario de Hungría. El queso Liptauer lleva pimentón dulce, pero también es asombrosamente picante.

Pimientos en vinagre rellenos

PARA 6 PERSONAS

200 g de cuajada, queso
del Tiétar u otro tipo
de queso hecho con leche
de cabra

400 g de pimientos en vinagre
o pimientos del piquillo,
escurridos

1 cucharada de eneldo
fresco picado fino

sal y pimienta

SUGERENCIA: Los pimientos
del piquillo pueden encontrarse en los supermercados,
pero para esta tapa puede
utilizar cualquier tipo de
pimiento en vinagre. También
puede hacer una versión
más picante utilizando guindillas en vinagre.

1 Corte el queso en trozos de 1 cm
de largo. Haga un corte en los
lados de los pimientos y quíteles
las semillas (opcional). Rellene los
pimientos con el queso.

2 Disponga los pimientos
rellenos en platos para servir.
Espolvoreélos con el eneldo y sazónelos al gusto con sal y pimienta.
Tápelos y déjelos reposar hasta el
momento de servirlos.

Vinagreta de judías blancas

PARA 4-6 PERSONAS

400 g de judías de manteca
  en conserva (también
  conocidas como judías
  amarillas o de cera)
3 ramas de apio cortadas
  en trozos pequeños
1 pepinillo picado fino
160 ml de aceite de oliva
4 cucharadas de vinagre
  de vino blanco
1 diente de ajo picado fino
2 cucharaditas de mostaza
  de Dijon
1 cucharada de perejil
  fresco picado
una pizca de azúcar
sal y pimienta
cebollinos frescos cortados,
  para decorar

VARIACIÓN: También puede
preparar este plato con otros
tipos de judías o alubias

1 Escurra las judías, lávelas bajo el chorro de agua fría y vuelva a escurrirlas. En un bol, ponga las judías, el apio y el pepinillo.

2 En un bol, mezcle y bata el aceite de oliva, el vinagre, el ajo, la mostaza, el perejil y el azúcar, y sazone al gusto con sal y pimienta.

3 Aliñe las judías con la vinagreta y mézclelo todo bien. Ponga las judías en un plato y espolvoréelas con los cebollinos. Luego sírvalas a temperatura ambiente o tápelas y déjelas reposar antes de servir.

Empanadillas

PARA 6-8 PERSONAS

2 cucharadas de aceite
de oliva, y un poquito más
para pintar

300 g de hojas de espinacas
frescas

2 dientes de ajo picados
finos

8 filetes de anchoa
conservadas en aceite,
escurridos y cortados
en trocitos

2 cucharadas de pasas
dejadas en remojo en
agua caliente durante
10 minutos

35 g de piñones

450 g de hojaldre (si es
congelado, debe estar
descongelado por completo)

harina común,
para espolvorear

1 huevo ligeramente batido

sal y pimienta

1 Precaliente el horno a 180 °C.
Unte 1 o 2 bandejas de horno
con un poco de aceite de oliva.

2 Corte y retire los tallos duros
de las espinacas y pique las
hojas.

3 Caliente el aceite de oliva en
una sartén grande. Añada las
espinacas picadas, tápelas y cuézalas a fuego lento, agitando la sartén
suavemente de vez en cuando,
durante 3 minutos. Agregue el ajo
y las anchoas, remuévalo todo y
déjelo, sin tapar, 1 minuto más.
Retire la sartén del fuego.

4 Escurra las pasas, córtelas en
trocitos y añádalas a la mezcla de espinacas junto con los piñones y sal y pimienta al gusto.
Déjelas enfriar.

5 Espolvoree la superficie de
trabajo con un poco de harina
y estire en ella el hojaldre, formando un círculo de unos 3 mm de
grosor. Haga círculos con un cortapastas de 7,5 cm de diámetro. Vuelva a enrollar los recortes sobrantes
y corte más círculos.

6 Ponga 1 o 2 cucharaditas del
relleno de espinacas en cada
círculo. Pinte los bordes con agua y
dóblelos por la mitad para formar
medias lunas. Apriételos y ciérrelos. Coloque las empanadillas en
las bandejas y glaséelas con el
huevo batido. Luego cuézalas en
el horno precalentado durante unos
15 minutos, o hasta que estén doradas. Sírvalas calientes.

SUGERENCIA: Las empanadillas son originarias de Galicia, pero hoy en día se hacen
en toda España y también son muy populares en Sudamérica.

Banderillas

PARA 8-10 PERSONAS

1 cucharada de vinagre
de vino blanco

4 dientes de ajo picados
finos

1 guindilla roja fresca
sin semillas, picada fina

1 cucharada de pimentón
dulce

4 cucharadas de aceite
de oliva

3 pechugas de pollo sin piel,
deshuesadas y cortadas
en dados de 2,5 cm

1 aguacate

3 cucharadas de zumo
de limón

115 g de queso San Simón
o cualquier otro queso
ahumado, cortado en
dados

8-10 aceitunas negras sin
hueso

8-10 tomates cereza

85 g de queso manchego
o cheddar, cortado en
dados

8-10 aceitunas verdes
rellenas de pimiento

½ melón cantaloup sin pepitas

5-6 lonchas de jamón serrano

PICADA

4 dientes de ajo picados
finos

6 cucharadas de perejil
fresco picado

6 cucharadas de pepino
en vinagre picado fino

160 ml de aceite de oliva

1 En un bol, mezcle el vinagre, el ajo, la guindilla, el pimentón y el aceite de oliva. Añada los dados de pollo y remuévalos bien con la mezcla anterior. Luego tápelo y déjelo marinar en la nevera como mínimo 2 horas, preferentemente la noche anterior.

2 Ponga en el fuego una sartén grande y de base gruesa. Ponga en ella la mezcla de pollo y rehóguela a fuego lento, removiéndola con frecuencia, durante unos 10 o 15 minutos, o hasta que el

pollo esté hecho. Retire la sartén del fuego y deje que se enfríe a temperatura ambiente. Luego pinche los trozos de pollo con palillos.

3 Pele y deshuese el aguacate y córtelo en trozos pequeños. Añádale el zumo de limón y remuévalo bien. Luego pinche un trozo de aguacate y de queso ahumado en un palillo. Haga lo mismo con las aceitunas negras, los tomates, el queso manchego y las aceitunas rellenas de pimiento.

4 Con la ayuda de un sacabolas o una cucharilla, vacíe el melón formando 20 bolas. Corte el jamón en 20 tiras y úselas para envolver las bolas de melón. Pinche las bolas con palillos de dos en dos.

5 Para hacer la picada, mezcle bien todos los ingredientes en un bol hasta obtener una pasta espesa. Disponga todos los palillos –banderillas– en una fuente y sírvalas acompañadas de la picada.

Aceitunas y frutos secos

La cocina española es famosa por su afición a las almendras y aceitunas, así que en las páginas siguientes encontrará una selección de platos dedicada a estos dos ingredientes esenciales.

Si tiene por costumbre invitar a los amigos a su casa para charlar tranquilamente, es muy práctico tener siempre un tarro o dos de aceitunas marinadas (*véase página 84*) en la despensa, y además son más sabrosas que las patatas fritas y otros aperitivos de bolsa. La receta de las almendras saladas (*véase página 89*) es otra opción para picar que puede servirse acompañada de las bebidas, y que también se puede preparar con otros frutos secos, como nueces cortadas por la mitad, pistachos, cacahuetes o anacardos, para variar.

Aceitunas marinadas

PARA UN TARRO DE
CONSERVA DE 450 ML

200 g de aceitunas verdes
rellenas de pimiento en
salmuera, lavadas

175 g de aceitunas negras
en salmuera, lavadas

55 g de pimiento asado
al grill y pelado (véase
página 74), cortado en
trozos finos

2 rodajas finas de limón

2 ramitas de tomillo fresco

1 hoja de laurel

1 guindilla roja seca

½ cucharadita de semillas
de hinojo

½ cucharadita de semillas
de cilantro, ligeramente
machacadas

aceite de oliva virgen extra

1 Ponga las aceitunas, los trozos de pimiento, las rodajas de limón, el tomillo, la hoja de laurel, la guindilla y las semillas de hinojo y cilantro en un tarro de conserva de unos 450 ml, asegurándose de que los ingredientes estén bien mezclados. Vierta aceite de oliva suficiente como para cubrir las aceitunas.

2 Cierre el tarro y déjelo reposar a temperatura ambiente durante al menos 2 semanas antes de utilizarlo.

SUGERENCIA: No añada ajo cortado en trozos a una marinada de aceite como ésta, ya que existe el riesgo de infección por botulismo. Para darle sabor a ajo, utilice aceite de oliva aromatizado con ajo, que se vende ya preparado. Si guarda la marinada en la nevera, el aceite se enturbiará, pero se aclarará de nuevo cuando vuelva a estar a temperatura ambiente.

Aceitunas con naranja y limón

PARA 4-6 PERSONAS

2 cucharaditas de semillas
de hinojo
2 cucharaditas de semillas
de comino
220 g de aceitunas verdes
220 g de aceitunas negras
2 cucharaditas de ralladura
de naranja
2 cucharaditas de ralladura
de limón
3 chalotes picados finos
una pizca de canela molida
4 cucharadas de vinagre
de vino blanco
3 cucharadas de aceite
de oliva
2 cucharadas de zumo
de naranja
1 cucharada de menta
fresca picada
1 cucharada de perejil
fresco picado

SUGERENCIA: Utilice variedades de aceitunas, como
las arbequinas, que son aro-
máticas, así como las gordas
del rey, verdes y grandes,
las suculentas manzanilla
o las perlas de Aragón.

1 Pase las semillas de hinojo y
comino por una sartén pequeña
y de base gruesa, sin aceite, agitándola con frecuencia, hasta que
empiecen a saltar y suelten su
aroma. Retire la sartén del fuego
y deje enfriar el contenido.

2 En un bol, ponga las aceitunas, las ralladuras de naranja
y limón, los chalotes, la canela y
las semillas tostadas.

3 En otro bol, mezcle el vinagre,
el aceite de oliva, el zumo de
naranja, la menta y el perejil y viértalo todo por encima de las aceitunas. Mézclelo bien, tape el bol y
déjelo reposar 1 o 2 días antes de
servir las aceitunas.

Aceitunas envueltas en anchoa

PARA 24 ACEITUNAS
12 filetes de anchoa en
   aceite escurridos
24 aceitunas verdes rellenas
   de pimiento, en aceite,
   escurridas

VARIACIÓN: En vez de
utilizar aceitunas verdes
rellenas de pimiento, elija
aceitunas verdes o negras
sin hueso con una almendra
blanqueada. Siga la receta
como se indica arriba.

1 Con un cuchillo afilado, corte los filetes de anchoa por la mitad, a lo largo.

2 Coja la mitad de un filete y envuelva una aceituna con él, montando las puntas una encima de la otra, y sujétela con un palillo. Repita el proceso con todas las aceitunas y mitades de filete de anchoa. Sírvalas inmediatamente o tápelas hasta el momento de servirlas.

Aceitunas marinadas y picantes

PARA 8 PERSONAS

450 g de aceitunas verdes
con hueso grandes en
conserva (de lata o tarro
de cristal), escurridas
4 dientes de ajo pelados
2 cucharaditas de semillas
de cilantro
1 limón pequeño
4 ramitas de tomillo fresco
4 ramitas de hinojo
2 guindillas rojas frescas
pequeñas (opcional)
aceite de oliva virgen extra
pimienta

1 Para dejar que los aromas de la marinada penetren en las aceitunas, póngalas sobre una tabla de cortar y, con un rodillo, deles unos golpecitos para que se agrieten un poco. Otra opción es utilizar un cuchillo afilado y hacer un corte a lo largo de cada aceituna hasta llegar al hueso. Utilizando el lado plano de un cuchillo grande, chafe los dientes de ajo. Machaque las semillas de cilantro en el mortero. Corte el limón, con la cáscara, en trozos pequeños.

2 En un bol grande, ponga las aceitunas, el ajo, las semillas de cilantro, los trozos de limón, las ramitas de tomillo, el hinojo y las guindillas (si las utiliza) y mézclelo todo. Sazone al gusto con pimienta. No eche sal, ya que las aceitunas en conserva suelen ser saladas. Envase los ingredientes en un tarro de cristal con tapa. Vierta suficiente aceite de oliva como para cubrir las aceitunas y cierre bien el tarro.

3 Deje reposar las aceitunas a temperatura ambiente durante 24 horas y luego déjelas marinar en la nevera 1 o 2 semanas antes de servirlas. De vez en cuando, agite el tarro para mezclar otra vez los ingredientes. Para servir, deje que las aceitunas recuperen la temperatura ambiente y sáquelas del aceite.

Almendras con pimentón

PARA 500 G (4-6 PERSONAS)
1½ cucharadas de sal
  marina gruesa
½ cucharadita de pimentón
  dulce ahumado o pimentón
  picante, al gusto
500 g de almendras
  blanqueadas
aceite de oliva virgen extra

1 Precaliente el horno a 200 °C. En un mortero, chafe la sal y el pimentón hasta obtener un polvo fino. Otra buena opción para triturar es utilizar un molinillo de especias.

2 Ponga las almendras sobre una bandeja de horno y tuéstelas en el horno precalentado durante 8 o 10 minutos, removiéndolas de vez en cuando, hasta que estén doradas y desprendan un aroma tostado. Vigílelas pasados 7 minutos, ya que se queman muy rápidamente. Póngalas en un bol refractario.

3 Rocíelas con 1 cucharada de aceite de oliva y mézclelo todo hasta que las almendras queden ligera y uniformemente napadas. Añada más aceite, si es necesario. Espolvoréelas con la mezcla de sal y pimentón y vuelva a mezclarlo todo. Luego ponga las almendras en un bol pequeño y sírvalas a temperatura ambiente.

Almendras saladas

PARA 6-8 PERSONAS

225 g de almendras enteras
  con piel o blanqueadas
  (véase paso 1)

4 cucharadas de aceite
  de oliva

sal marina gruesa

1 cucharadita de pimentón
  dulce o comino molido
  (opcional)

1 Precaliente el horno a 180 °C. Las almendras frescas con piel son superiores en cuanto al sabor, sin embargo para esta receta quedan mejor las blanqueadas. Para ello, ponga las almendras en un bol grande y cúbralas con agua hirviendo durante 3 o 4 minutos; luego, métalas en agua fría durante 1 minuto. Escúrralas en un escurridor y pélelas con los dedos. Déjelas secar bien sobre papel de cocina.

2 Vierta el aceite de oliva en una fuente de horno para asados y muévala circularmente para que el aceite se reparta bien por la base. Añada las almendras, nápelas uniformemente con el aceite y

luego repártalas por la fuente, formando una sola capa.

3 Ase las almendras en el horno precalentado durante unos 20 minutos, o hasta que estén ligeramente doradas, removiéndolas varias veces durante la cocción. Escurra las almendras en papel de cocina y luego póngalas en un bol.

4 Cuando las almendras aún estén calientes, espolvoréelas con abudante sal marina y pimentón (si lo utiliza), y mézclelo todo hasta que queden napadas. Sirva las almendras calientes o frías. Estarán más ricas si las sirve recién hechas, de forma que, si es posible,

prepárelas el mismo día en que tenga pensado utilizarlas. También pueden guardarse en un recipiente hermético hasta 3 días.

Huevos y queso

LOS PLATOS A BASE DE HUEVO FIGURAN EN TODOS LOS MENÚS DE TAPAS. AQUÍ ENCON-
TRARÁ LAS RECETAS DE ALGUNAS DE LAS TAPAS MÁS «BUSCADAS», COMO LOS HUEVOS A
LA DIABLA (*VÉASE PÁGINA* 96) Y LA TORTILLA DE PATATAS (*VÉASE PÁGINA* 100), DOS PLA-
TOS LLENOS DE SABOR QUE UTILIZAN INGREDIENTES MUY COMUNES. OTRAS RECETAS DE
TORTILLA EMPLEAN ESPINACAS O CHORIZO, MIENTRAS QUE LA TORTILLA AL HORNO (*VÉASE
PÁGINA* 98), MÁS LIGERA, ES UNA TAPA REALMENTE SENSACIONAL.

EN ESPAÑA EXISTE UNA GRAN VARIEDAD DE QUESOS, ASÍ COMO PLATOS BASADOS
EN ÉSTOS, PERO EN OTROS PAÍSES PUEDE SER COMPLICADO ADQUIRIR ALGUNOS DE LOS
TIPOS MÁS EXÓTICOS. POR ESTE MOTIVO, SI EL QUESO LOCAL RESULTA DIFÍCIL DE ENCON-
TRAR, SE SUGIEREN OTRAS ALTERNATIVAS.

Huevos revueltos a la vasca

PARA 4-6 PERSONAS

3-4 cucharadas de aceite
  de oliva
1 cebolla grande picada fina
1 pimiento rojo grande, sin
  semillas y troceado
1 pimiento verde grande, sin
  semillas y troceado
2 tomates grandes, pelados,
  sin semillas (véase página 167)
  y troceados
3.5 g de chorizo cortado
  en rodajas finas y pelado,
  si lo prefiere
125 g de mantequilla
10 huevos grandes
  ligeramente batidos
sal y pimienta
4-6 rebanadas gruesas
  de pan rústico tostadas,
  para servir

1 Caliente 2 cucharadas de aceite de oliva en una sartén grande de base gruesa a fuego medio. Añada la cebolla y los pimientos y fríalos durante 5 minutos, o hasta que estén blandos pero no dorados. Añada los tomates y caliéntelos. Ponga las verduras en una fuente refractaria y manténgalas calientes en el horno precalentado, a baja temperatura.

2 Agregue otra cucharada de aceite a la sartén. Añada el chorizo y fríalo 30 segundos, justo para calentarlo y aromatizar el aceite. Añádalo a las verduras que tiene reservadas.

3 Añada un poco más de aceite de oliva virgen extra, si hace falta. Añada la mantequilla y deje que se derrita. Sazone los huevos con sal y pimienta, añádalos a la sartén y revuélvalos hasta que adquieran el grado de firmeza deseado. Vuelva a poner las verduras en la sartén y remuévalo todo. Sirva los huevos sobre una tostada caliente.

Huevos a la vasca con pimientos

PARA 6 PERSONAS
2 pimientos rojos cortados
   por la mitad y sin semillas
6 huevos duros fríos, pelados
   y cortados en trozos
2 cucharadas de vinagre
   de vino blanco
3 cucharadas de aceite
   de oliva
1 chalote picado fino
2 cucharaditas de eneldo
   fresco, picado
una pizca de azúcar
sal y pimienta

1 Ponga a hervir agua en un cazo.
Añada los pimientos y escáldelos durante 5 minutos. Escúrralos, páselos por debajo del chorro de agua fría y vuelva a escurrirlos. Séquelos con papel de cocina y córtelos en tiras finas.

2 Disponga los trozos de huevo en platos y decórelos, a su gusto, con las tiras de pimiento.

3 En un bol, mezcle y bata el vinagre, el aceite de oliva, el chalote, el eneldo y el azúcar, y sazone al gusto con sal y pimienta. Aliñe los huevos con la mezcla y sírvalos enseguida.

Huevos a la flamenca

PARA 4 PERSONAS

4 cucharadas de aceite
  de oliva
1 cebolla cortada en
  rodajas finas
2 dientes de ajo picados
  finos
2 pimientos rojos pequeños,
  sin semillas y troceados
4 tomates pelados, sin
  semillas (véase página 167)
  y troceados
1 cucharada de perejil
  fresco picado
200 g de granos de maíz
  en conserva, escurridos
4 huevos
sal y cayena molida

1 Precaliente el horno a 180 °C. Caliente el aceite de oliva en una sartén grande de base gruesa. Añada la cebolla y el ajo y fríalos a fuego lento, removiéndolos de vez cuando, durante 5 minutos, o hasta que estén blandos. Añada los pimientos rojos y fríalos, removiéndolos de vez en cuando, durante 10 minutos más. Añada los tomates y el perejil, remuévalos y sazone las verduras al gusto con sal y cayena; cuézalas 5 minutos más. Añada y remueva los granos de maíz y retire la sartén del fuego.

2 Reparta la mezcla en 4 fuentes de horno individuales. Haga un hueco en medio de cada una con la parte posterior de una cuchara. Rompa un huevo y vierta su contenido en cada agujero.

3 Cueza los huevos en el horno precalentado 15 o 25 minutos, o hasta que hayan cuajado. Sírvalos calientes.

SUGERENCIA: Si lo prefiere, también puede cocer los huevos en una sola fuente de horno y servirlos en la mesa. En este caso, el tiempo de cocción será un poco más largo.

Huevos a la diabla

PARA 16 HUEVOS
8 huevos grandes
2 pimientos del piquillo
   enteros en conserva (de
   lata o tarro de cristal)
8 aceitunas verdes
5 cucharadas de mayonesa
8 gotitas de tabasco
una buena pizca de cayena
   molida
sal y pimienta
pimentón dulce,
   para espolvorear
ramitas de eneldo fresco,
   para decorar

1 Para cocer los huevos, póngalos en una olla, cúbralos con agua fría y deje que ésta rompa el hervor, lentamente. Baje el fuego al mínimo, tape la olla y deje hervir los huevos 10 minutos. Una vez estén hechos, escúrralos y enfríelos bajo un chorro de agua. Así, se evita que se forme un círculo negro alrededor de la yema. Golpee ligeramente los huevos para romperles la cáscara y déjelos enfriar. Rómpales la cáscara y pélelos.

2 Con un cuchillo de acero inoxidable, corte los huevos por la mitad, a lo largo, y luego extráigales las yemas con cuidado. Póngalas en un colador de malla fina colocado encima de un bol, cháfelas y páselas a través del mismo; luego, con una cuchara de madera conviértalas en puré. Si hace falta, pase las claras por un chorro de agua fría y séquelas con cuidado.

3 Ponga los pimientos sobre papel de cocina para secarlos bien, córtelos en tiras finas y reserve unas cuantas. Corte las aceitunas en trozos finos. Si va a decorar los huevos con el relleno utilizando una manga pastelera, deberá trocear ambos ingredientes muy finos para que puedan pasar a través de la boquilla, de 1 cm de diámetro. Añada los pimientos troceados y la mayor parte de las aceitunas corta-das a las yemas chafadas, y reserve 16 trozos más grandes para decorar. Añádales la mayonesa, mézclelo todo, e incorpore el tabasco y la cayena, y sal y pimienta al gusto.

4 Introduzca la mezcla de yema en la manga pastelera y rellene los huevos con ella. También puede hacerlo con una cuchara.

5 Disponga los huevos en un plato para servir. Coloque una tira de pimiento y un trozo de aceituna encima de cada huevo relleno. Espolvoréelos con un poco de pimentón dulce y decórelos con las ramitas de eneldo. Ahora, ya puede servirlos.

Huevos rellenos

PARA 6 PERSONAS
6 huevos duros, fríos
  y pelados
120 g de sardinas en
  conserva en aceite
  de oliva, escurridas
4 cucharadas de zumo
  de limón
unas gotas de tabasco
1-2 cucharadas de mayonesa
50 g de harina común
75 g de pan rallado
1 huevo grande, ligeramente
  batido
aceite vegetal
sal y pimienta
ramitas de perejil fresco,
  para decorar

1 Corte los huevos por la mitad, a lo largo, y con una cucharilla extraiga las yemas. Póngalas en un colador fino colocado sobre un bol, cháfelas y páselas a través de éste.

2 Chafe las sardinas con un tenedor y mézclelas con las yemas. Añádale el zumo de limón y el tabasco y mézclelo todo bien; agregue mayonesa para formar una pasta. Salpimiente al gusto.

3 Rellene los huevos con una cuchara, cubriendo toda la superficie. Extienda la harina y el pan rallado en dos platos llanos. Pase los huevos primero por la harina, luego, por el huevo batido y, finalmente, por el pan rallado.

4 Caliente abundante aceite vegetal en una freidora o en una sartén grande a 180 o 190 °C, o hasta que un trozo de pan se dore en 30 segundos. Fría los huevos, por tandas, durante 2 minutos, o hasta que estén dorados. Escúrralos sobre papel de cocina y sírvalos calientes, decorados con ramitas de perejil.

Tortilla al horno

PARA 48 TROZOS

aceite de oliva

1 diente de ajo grande
machacado

4 cebolletas con las partes
blanca y verde picadas
finas

1 pimiento verde sin semillas,
cortado fino en dados

1 pimiento rojo sin semillas,
cortado fino en dados

175 g de patatas, hervidas,
peladas y cortadas en
dados

5 huevos grandes

110 g de nata agria

175 g de queso Roncal,
cheddar o parmesano
recién rallado

3 cucharadas de cebollinos
frescos cortados

sal y pimienta

ensalada verde,
para servir

1 Precaliente el horno a 190 °C. Forre una fuente de horno de 18 x 25 cm con papel de aluminio y píntelo con el aceite. Resérvela.

2 En una sartén, ponga un poco de aceite de oliva, el ajo, las cebolletas y los pimientos, y fríalos a fuego medio, removiéndolos, durante 10 minutos, o hasta que las cebolletas estén blandas pero no doradas. Déjelos enfriar, añádales la patata y mézclelo todo.

3 En un bol grande, mezcle y bata los huevos, la nata agria, el queso y los cebollinos. Añada las

verduras frías, mézclelo todo y sazónelo al gusto con sal y pimienta.

4 Vierta la mezcla en la fuente de horno y alise bien la superficie. Cuézala en el horno precalen-

tado durante 30 o 40 minutos, o hasta que esté dorada, haya subido y esté cuajada por el centro. Retire la tortilla del horno y déjela enfriar y cuajar. Pase una espátula por el borde, dé la vuelta a la fuente y deje caer la tortilla sobre una tabla de cortar, con la cara dorada boca arriba; retírele el papel de aluminio. Si la superficie parece algo líquida, ponga la tortilla debajo del grill a fuego medio hasta que se seque.

5 Deje enfriar la tortilla por completo. Córtele los bordes, si lo cree necesario, y a continuación divídala en 48 partes. Sírvala en una fuente junto con palillos para poder pinchar los trozos, o bien ponga cada trozo sobre una rebanada de pan. Acompañe la tortilla al horno con una ensalada verde.

Tortilla de patatas

PARA 8-10 TROZOS

120 ml de aceite de oliva
600 g de patatas peladas
　y cortadas finas
1 cebolla grande cortada
　fina
6 huevos grandes
sal y pimienta
perejil fresco,
　para decorar

1 Caliente una sartén antiadherente de 25 cm de diámetro a fuego fuerte. Añada el aceite de oliva y caliéntelo. Baje el fuego, añada las patatas y la cebolla, y cuézalas 15 o 20 minutos, o hasta que las patatas estén tiernas.

2 Bata los huevos en un bol grande y salpiméntelos generosamente. Cuele las patatas y la cebolla con un bol refractario y reserve el aceite. Mezcle las verduras y los huevos y deje que reposen durante 10 minutos.

3 Con una espátula de madera, retire los restos crujientes que se hayan pegado a la base de la sartén. Vuelva a calentar ésta a fuego medio con 4 cucharadas del aceite reservado. Añada la mezcla de huevo y alise la superficie, presionando las patatas y las cebollas, hasta obtener una capa uniforme.

4 Cuézala durante 5 minutos, agitando la sartén de vez en cuando, hasta que la base esté cuajada. Con la espátula, separe el borde de la tortilla de la pared de la sartén. Coloque un plato grande sobre la sartén y déle la vuelta con cuidado, de modo que la tortilla quede en el plato.

5 Añada a la sartén 1 cucharada más del aceite reservado y repártalo bien por la superficie. Con cuidado, deslice la tortilla en la sartén de forma que la parte cocida quede arriba. Presione hacia dentro las puntas salientes de la tortilla con la ayuda de la espátula.

6 Cuézala durante 3 minutos más, o hasta que los huevos hayan cuajado y la tortilla esté dorada. Retire la sartén del fuego y ponga la tortilla en un plato. Déjela reposar al menos 5 minutos antes de cortarla. Decórela con perejil y sírvala.

Tortilla de espinacas y champiñones

PARA 4 PERSONAS

2 cucharadas de aceite
de oliva

3 chalotes picados finos

350 g de champiñones
cortados en trozos

280 g de hojas de espinacas
frescas, con los tallos
gruesos cortados

35 g de almendras tostadas
fileteadas

3 huevos

2 cucharadas de perejil
fresco picado

2 cucharadas de agua fría

85 g de queso curado de
Mahón (véase sugerencia,
página 106), manchego o
parmesano, rallado

sal y pimienta

1 Caliente el aceite de oliva en una sartén refractaria. Añada los chalotes y fríalos a fuego lento, removiéndolos de vez en cuando, unos 5 minutos, o hasta que estén blandos. Añada los champiñones y fríalos, removiéndolos con frecuencia, durante 4 minutos más. Añada las espinacas, suba el fuego (medio) y saltéelas, removiendo regularmente, entre 3 y 4 minutos, o hasta que hayan encogido. Baje el fuego, sazone al gusto con sal y pimienta, añada las almendras a la sartén y mézclelo todo.

2 En un bol, bata los huevos con el perejil, el agua y sal y pimienta al gusto. Vierta la mezcla en la sartén y cuézala durante 5 u 8 minutos, o hasta que la parte inferior esté cuajada. Levante los bordes de la tortilla de vez en cuando para dejar que el huevo que aún esté crudo pueda pasar por debajo. Mientras tanto, precaliente el grill a fuego fuerte.

3 Espolvoree la tortilla con el queso rallado y gratínela debajo del grill precalentado unos 3 minutos, o hasta que la parte superior esté cuajada y el queso se haya fundido. Sírvala tibia o fría y cortada en trozos de tamaño medio.

Tortilla de chorizo y queso

PARA 8 PERSONAS

- 2 patatas pequeñas
- 4 cucharadas de aceite de oliva
- 1 cebolla pequeña picada
- 1 pimiento rojo sin semillas y troceado
- 2 tomates sin semillas y cortados en dados
- 140 g de chorizo cortado en trocitos finos
- 8 huevos grandes
- 2 cucharadas de agua fría
- 55 g de queso curado de Mahón (véase sugerencia, página 106), manchego o parmesano, rallado
- sal y pimienta

1 En un cazo, ponga a hervir agua con sal y cueza las patatas durante 15 o 20 minutos, o hasta que estén tiernas. Escúrralas y déjelas reposar hasta que estén lo suficientemente frías como para trabajar con ellas. Córtelas en dados.

2 Caliente el aceite de oliva en una sartén grande refractaria. Añada la cebolla, los pimientos y los tomates y rehóguelos a fuego lento, removiéndolos de vez en cuando, durante 5 minutos. Añada las patatas cortadas en dados y el chorizo y rehóguelos unos 5 minutos más. Mientras tanto, precaliente el grill a fuego fuerte.

3 En un bol grande, bata los huevos con el agua fría y sal y pimienta al gusto. Vierta la mezcla en la sartén y cuézala durante 8 o 10 minutos, o hasta que la parte inferior esté cuajada. Levante los bordes de la tortilla de vez en cuando para dejar que el huevo que aún esté crudo pueda pasar por debajo. Espolvoree la tortilla con el queso rallado y gratínela debajo del grill precalentado durante 3 minutos, o hasta que la parte superior esté cuajada y el queso se haya fundido. Sírvala tibia o fría y cortada en trozos de tamaño medio.

Nidos de tomate asada

PARA 4 PERSONAS
- 4 tomates grandes maduros
- 4 huevos grandes
- 4 cucharadas de nata espesa
- 4 cucharadas de queso curado de Mahón, manchego o parmesano rallado
- Sal y pimienta

1 Precaliente el horno a 180 °C. Corte un trozo de la parte superior de los tomates y, con una cucharilla, quíteles la pulpa y las semillas con cuidado, sin atravesarlos. Coloque los tomates boca abajo sobre papel de cocina y deje que se escurran durante 15 minutos. Sazone el interior de los tomates con sal y pimienta.

2 Coloque los tomates en una fuente de horno lo suficientemente grande como para que quepan en una sola capa. Con cuidado, rompa un huevo y vierta su contenido en cada tomate; ponga 1 cucharada de nata encima y luego una cucharada de queso rallado.

3 Ase los tomates en el horno precalentado entre 15 y 20 minutos, hasta que los huevos estén cuajados. Sírvalos calientes.

SUGERENCIA: El queso de Mahón, originario de Menorca, en las Islas Baleares, es el equivalente español del parmesano: un queso duro con una textura granulada.

Huevos y queso

PARA 6 PERSONAS
6 huevos duros fríos
  y pelados
3 cucharadas de queso
  manchego o cheddar
  rallado
1-2 cucharadas de mayonesa
2 cucharadas de cebollinos
  frescos cortados
1 guindilla roja fresca,
  sin semillas y picada fina
sal y pimienta
hojas de lechuga,
  para servir

VARIACIÓN: Para una ocasión especial, utilice huevos de codorniz (necesitará unos 18 aproximadamente). Hiérvalos 3 o 4 minutos, páselos por debajo del chorro de agua fría y pélelos enseguida.

1 Corte los huevos por la mitad, a lo largo, y con una cucharilla extraiga las yemas cuidadosamente. Póngalas en un colador fino, colocado encima de un bol. Reserve las claras cocidas y cortadas. Chafe las yemas y páselas por el colador; añádeles el queso rallado, la mayonesa, los cebollinos, la guindilla y sal y pimienta al gusto.

2 Rellene los huevos con esta mezcla. Para ello utilice una cuchara.

3 En cada plato, disponga una base de hojas de lechuga y coloque los huevos encima. Tápelos y déjelos reposar hasta el momento de servirlos.

Higos con queso azul

PARA 6 PERSONAS
ALMENDRAS CARAMELIZADAS
55 g de azúcar glas
115 g de almendras enteras
mantequilla,
para untar
PARA SERVIR
12 higos maduros
350 g de queso azul español,
como el picón de Valdeón,
desmenuzado
aceite de oliva virgen extra

VARIACIÓN: Para esta receta puede sustituir las almendras por nueces partidas por la mitad o bien utilizar ambas

1 Primero haga las almendras caramelizadas. Ponga el azúcar en una sartén a fuego medio y remuévalo hasta que se haya disuelto, adquiera un color marrón dorado y burbujee. Cuando empiece a burbujear, deje de removerlo. Retire la sartén del fuego, añada las almendras de una en una y luego deles la vuelta rápidamente con un tenedor, hasta que queden napadas. Si el caramelo se endurece, vuelva a calentar la sartén. De una en una, ponga las almendras en una bandeja de horno ligeramente untada con mantequilla. Déjelas reposar hasta que se hayan enfriado y endurecido.

2 Para servir, corte los higos por la mitad y disponga 4 mitades en cada plato individual. Con la mano, parta las almendras por la mitad. Haga un montoncito en cada plato con el queso azul y espolvoreélo con las almendras troceadas. Vierta un poco de aceite de oliva por encima de los higos.

Empanadillas de queso y aceite

PARA 26 EMPANADILLAS

85 g de queso seco o fresco
(véase sugerencia)

80 g de aceitunas verdes
sin hueso

60 g de tomates secados al
sol en aceite, escurridos

50 g de filetes de anchoa
en conserva, escurridos

55 g de concentrado de
tomate secado al sol

500 g de hojaldre ya
preparado, descongelado
por completo si es
congelado

harina común,
para espolvorear

huevo batido,
para glasear

pimienta

ramitas de perejil fresco,
para decorar

1 Precaliente el horno a 200 °C. Corte el queso en dados pequeño, de unos 5 mm. Corte las aceitunas, los tomates secados al sol y las anchoas en trozos de igual tamaño que el queso. Ponga todos los ingredientes cortados en un bol, sazónelos al gusto con pimienta y mézclelos con cuidado. Añádales el concentrado de tomate y remuévalo todo.

2 Espolvoree la superficie de trabajo con un poco de harina y estire el hojaldre hasta que quede fino. Con un cortapastas redondo de 8 cm de diámetro, corte 18 círculos. Amase los recortes sobrantes y corte 8 círculos más. Con una cucharilla, ponga un poco de relleno preparado en el centro de cada círculo de hojaldre.

3 Humedezca los bordes del hojaldre con un poco de agua y doble los círculos por la mitad para formar medias lunas. Presione los bordes con los dedos para cerrar las empanadillas. Con la punta de un cuchillo afilado, haga un cortecito en la parte superior de cada una. Guarde las empanadillas en la nevera hasta que vaya a hornearlas.

4 Ponga las empanadillas en una bandeja de horno humedecida y píntelas con un huevo poco batido para glasearlas. Cuézalas en el horno precalentado durante 10 o 15 minutos, o hasta que estén doradas, crujientes y hayan subido. Sírvalas muy calientes, decoradas con ramitas de perejil.

SUGERENCIA: Si le resulta difícil encontrar algunos de los quesos españoles, puede hacer las empanadillas con queso manchego, cheddar, gruyer, gouda, mozzarella o un queso de cabra consistente.

Buñuelos de queso con salsa de tomate picante

PARA 8 PERSONAS

70 g de harina común
60 ml de aceite de oliva
160 ml de agua
2 huevos batidos
55 g de queso manchego,
    parmesano, cheddar, gouda
    o gruyer, rallado fino
½ cucharadita de pimentón
    dulce
aceite de maíz
sal y pimienta

SALSA DE TOMATE PICANTE

2 cucharadas de aceite
    de oliva
1 cebolla pequeña picada fina
1 diente de ajo machacado
un chorrito de vino blanco
400 g de tomates en
    conserva, troceados
1 cucharada de concentrado
    de tomate
½-⅔ cucharadita de copos
    de guindilla
unas gotitas de tabasco
una pizca de azúcar
sal y pimienta

1 Para hacer la salsa, caliente el aceite de oliva en un cazo. Añada la cebolla y fríala durante 5 minutos, o hasta que esté blanda pero no dorada. Agregue el ajo y fríalo todo 30 segundos. Añada el vino y deje que burbujee. Luego añada el resto de ingredientes de la salsa y déjelos cocer, destapados, durante 10 o 15 minutos, o hasta obtener una salsa espesa. Viértala en un bol y resérvela. hasta el momento de servir.

2 Mientras tanto, prepare los buñuelos de queso. Tamice la harina sobre una fuente o una hoja de papel parafinado. En un cazo, vierta el aceite de oliva y el agua y deje que rompa el hervor lentamente. Cuando el agua empiece a hervir, retire el cazo del fuego e immediatamente eche en él toda la harina de una vez. Con una cuchara de madera, bata la mezcla hasta que quede homogénea y no se pegue a los bordes del cazo.

3 Deje enfriar la mezcla durante 1 o 2 minutos. Añada los huevos gradualmente, batiendo con fuerza cada vez que añada uno y procurando que la mezcla se mantenga consistente. Añádale

el queso y el pimentón dulce, sazónela al gusto con sal y pimienta y mézclelo todo bien. Guárdela en la nevera hasta que vaya a preparar los buñuelos de queso.

4 Justo antes de servir los buñuelos de queso, caliente abundante aceite de girasol en la freidora a 180 o 190 °C, o hasta que un trozo de pan se dore en 30 segundos. Vaya dejando caer cucharaditas de la mezcla preparada, por tandas, en el aceite caliente y fría los buñuelos durante 2 o 3 minutos, dándoles la vuelta una sola vez, o hasta que estén dorados y crujientes. Los buñuelos subirán a la superficie del aceite y se hincharán. Escúrralos bien sobre papel de cocina.

5 Sirva los buñuelos muy calientes, acompañados de la salsa picante para mojarlos y de palillos para pincharlos.

Burgos con vinagre de jerez

PARA 4 PERSONAS
400 g de queso de Burgos
1-2 cucharadas de miel
clara
3 cucharadas de vinagre
de jerez
PARA SERVIR
tiras de zanahoria
jerez frío

SUGERENCIA: El queso de Burgos, llamado así por la ciudad castellana donde se produce, es un queso blanco sin pasteurizar hecho con leche de vaca y/u oveja. Si lo desea, para este plato también puede utilizar cuajada, originaria de Navarra y similar al queso de Burgos, o máscarpone, un queso italiano que se encuentra fácilmente en la mayoría de establecimientos de alimentación.

1 Ponga el queso en un bol y bátalo hasta que quede homogéneo. Añádale 1 cucharada de miel y 1 1/2 cucharadas de vinagre y vuelva a batirlo.

2 Pruébelo y ajuste el dulzor a su gusto añadiendo más miel o más vinagre, según el caso.

3 Reparta el queso en 4 platos pequeños, tápelo y déjelo reposar hasta el momento de servir. Acompáñelo de tiras de zanahoria y jerez frío.

Queso manchego frito

PARA 6-8 PERSONAS

200 g de queso manchego
3 cucharadas de harina
    común
1 huevo
1 cucharadita de agua
75 g de pan rallado
aceite de maíz
sal y pimienta

1 Corte el queso en trozos triangulares de unos 2 cm de grosor o bien en dados de la misma medida. Meta la harina en una bolsa de plástico y sazónela al gusto con sal y pimienta. Rompa el huevo en un plato y bátalo junto con el agua. Extienda el pan rallado en un plato grande.

2 Reboce los trozos de queso en la harina hasta que queden bien cubiertos y páselos por la mezcla de huevo. Finalmente, rebózelos en el pan rallado, asegurándose de que queden cubiertos por todos los lados. Póngalos en un plato grande y guárdelos en la nevera hasta el momento de servirlos.

3 Justo antes de llevarlos a la mesa, en una sartén grande de base gruesa vierta suficiente aceite de maíz como para cubrir una altura de 2,5 cm y caliéntelo a 180 o 190 °C, o hasta que un trozo de pan se dore en 30 segundos.

También puede utilizar la freidora. Añada los trozos de queso, por tandas de 4 o 5, para que la temperatura del aceite no disminuya, y fríalos durante 1 o 2 minutos, dándoles la vuelta una sola vez, hasta que el queso empiece a fundirse y los trozos estén dorados. Asegúrese de que el aceite esté bien caliente; de lo contrario, el rebozado tardará demasiado en tostarse y el queso podría desprenderse.

4 Con una espumadera, retire los trozos de queso frito de la sartén o la freidora y escúrralos sobre papel de cocina. Sírvalos calientes.

Ensalada de judías blancas y cabrales

PARA 4 PERSONAS

180 g de judías blancas secas
pequeñas, dejadas en
remojo durante 4 horas
o la noche anterior
1 hoja de laurel
4 cucharadas de aceite
de oliva
2 cucharadas de vinagre
de jerez
2 cucharaditas de miel
clara
1 cucharadita de mostaza
de Dijon
sal y pimienta
2 cucharadas de almendras
tostadas fileteadas
200 g de cabrales u otro
queso azul, desmenuzado

1 Escurra las judías y póngalas en un cazo grande de base gruesa. Vierta agua suficiente como para cubrirlas, añada la hoja de laurel y deje que el agua rompa el hervor. Cueza las judías 1-1¹/₂ horas, o hasta que estén tiernas. Escúrralas, póngalas en un bol y déjelas enfriar un poco. Retire la hoja de laurel.

2 Mientras tanto, haga el aliño. Mezcle y bata el aceite de oliva, el vinagre, la miel y la mostaza en un bol y sazónelos al gusto con sal y pimienta. Aliñe las judías con la vinagreta y mézclelo todo un poco. Añádales las almendras y vuelva a mezclarlo todo. Déjelas enfriar a temperatura ambiente.

3 Reparta las judías en boles y esparza el queso por encima antes de servirlas.

Queso y chalotes con aliño de hierbas

PARA 6 PERSONAS

1 cucharadita de semillas
    de sésamo
¼ de cucharadita de
    semillas de comino
4 tomates sin semillas
    y cortados en dados
5 cucharadas de aceite
    de oliva
4 cucharadas de zumo
    de limón
2 cucharaditas de tomillo
    fresco picado
1 cucharada de menta
    fresca picada
4 chalotes picados finos
500 g de queso blanzabal
    u otro tipo de queso de
    leche de oveja, cortado
    en dados
sal y pimienta

1 Tueste las semillas de sésamo y comino en una sartén pequeña de base gruesa, sin aceite, agitándola con frecuencia, hasta que empiecen a saltar y suelten su aroma. Retire la sartén del fuego y déjela enfriar.

2 Ponga los tomates en un bol. Para hacer el aliño, mezcle y bata el aceite de oliva y el zumo de limón en un bol aparte. Sazónelos al gusto con sal y pimienta, añada el tomillo, la menta y los chalotes, y mézclelo todo bien.

3 Ponga el queso en otro bol. Vierta la mitad del aliño encima de los tomates y mézclelos un poco. Tápelos con film transparente y déjelos reposar durante 1 hora. Vierta el aliño restante encima del queso, tápelo y déjelo reposar durante 1 hora.

4 Para servir, reparta la mezcla de queso entre los platos y espolvoréela con la mitad de las semillas tostadas. Coloque encima la mezcla de tomate y espolvoréela con el resto de semillas tostadas.

Manchego con membrillo

PARA 6 PERSONAS
350 g de queso manchego
  cortado en lonchas
MEMBRILLO
500 g de membrillos
950 ml de agua
azúcar (véase paso 3)

1 Para hacer el membrillo, pele los membrillos, córtelos en trozos grandes y póngalos en una olla grande de base gruesa. Añádales el agua y deje que ésta rompa el hervor a fuego fuerte. Baje el fuego y cueza los membrillos durante unos 45 minutos, o hasta que estén muy tiernos.

2 Vierta la mezcla en un colador de tela colocado encima de un bol. También puede utilizar una estopilla: sin que la tela quede rígida, ate las puntas bien fuerte a las patas de un taburete colocado boca arriba, coloque un bol debajo y vierta la mezcla sobre la tela. Déjela reposar al menos 8 horas para que suelte todo el jugo. No apriete el membrillo, si no, la carne quedará turbia.

3 Mida el jugo y viértalo en un cazo grande. Añada 500 g de azúcar por cada 600 ml de jugo. Deje que la mezcla rompa el hervor a fuego medio, removiéndola hasta que el azúcar se haya disuelto. Suba el fuego y hiérvala rápidamente hasta que la temperatura del termómetro para azúcar alcance los 104 °C. Si no dispone de éste, retire el cazo del fuego y ponga una cucharada de la mezcla en un plato. Déjela reposar en un lugar fresco unos minutos. Si al presionar la membrana formada en la superficie ésta se arruga, querrá decir que la carne de membrillo ya está lista. Si no, caliente el cazo 1 minuto más y vuelva a hacer esta prueba.

4 Reparta el membrillo en tarros calientes y esterilizados. Tápelos y ciérrelos. Etiquételos cuando estén fríos y guárdelos

en un lugar fresco y oscuro hasta que vaya a utilizarlos.

5 Para servir, ponga varias lonchas de queso en los platos y añada 2 cucharadas de membrillo.

Pescado y marisco

El pescado y el marisco gozan de una gran tradición en la cocina española. A ello contribuye el hecho de que el país esté rodeado por el océano Atlántico y el mar Mediterráneo y de que también incluya varias islas.

Este capítulo refleja las diferencias regionales en los platos, con recetas para las sardinas a la plancha (*véase* página 138), un plato popular a lo largo de la costa del Mediterráneo, y el salmón fresco al mojo (*véase* página 130), de las Islas Canarias. El bacalao salado, uno de los ingredientes preferidos de la cocina vasca, se utiliza para hacer los buñuelos de bacalao con espinacas (*véase* página 122). También hay varias recetas para preparar las gambas (*véase* páginas 162-174), populares en todo el país, así como para hacer calamares (*véase* página 152).

Buñuelos de bacalao con espinacas

PARA UNOS 16 BUÑUELOS
250 g de bacalao salado
 en una pieza
PASTA PARA REBOZAR
140 g de harina común
1 cucharadita de levadura
 en polvo
1/4 de cucharadita de sal
1 huevo grande ligeramente
 batido
unos 160 ml de leche
2 rodajas de limón
2 ramitas de perejil fresco
1 hoja de laurel
1/3 cucharada de aceite de
 oliva aromatizado con ajo
85 g de espinacas tiernas y
 frescas, lavadas
1/4 de cucharadita de
 pimentón dulce ahumado,
 medio picante o picante,
 al gusto
aceite de oliva
sal marina gruesa (opcional)
1 porción de alioli (véase
 página 12) decorado con
 una ramita de perejil
 fresco, para servir

1 Ponga el bacalao salado en un bol grande. Cúbralo con agua fría y déjelo en remojo durante 48 horas, cambiándole el agua al menos 3 veces al día.

2 Mientras tanto, prepare la pasta para rebozar. Tamice la harina, la levadura en polvo y la sal en un bol grande y haga un agujero en el centro. Eche en él el huevo y los 160 ml de leche y mézclelo todo hasta obtener una pasta homogénea y de consistencia espesa. Si queda demasiado espesa, añádale más leche y déjela reposar durante 1 hora como mínimo.

3 Después de tener el bacalao en remojo, póngalo en un cazo grande. Añádale las rodajas de limón, las ramitas de perejil, la hoja de laurel y agua suficiente para cubrirlo. Deje que el agua rompa el hervor. Baje el fuego y cueza el bacalao entre 30 y 45 minutos, o hasta que esté tierno y se desmence con facilidad.

4 Mientras tanto, prepare las espinacas. Caliente el aceite de oliva aromatizado con ajo en un cazo pequeño a fuego medio. Añada las espinacas sólo con el agua que retengan las hojas, y cuézalas durante 3 o 4 minutos, o hasta que hayan encogido.

5 Escurra las espinacas en un escurridor y cháfelas con la

parte posterior de una cuchara para quitarles el exceso de agua. Píquelas, añádalas a la pasta para rebozar junto con el pimentón y mézclelo todo.

6 Saque el bacalao del agua y desmenúzelo, quitándole la piel y las espinas. Añádalo a la pasta para rebozar y mézclelo todo.

7 En una sartén de base gruesa, vierta suficiente aceite como para cubrir una altura de 5 cm y caliéntelo a 180 o 190 °C, o hasta que un trozo de pan se dore en 30 segundos. Utilice una cuchara normal o una de medir untada con mantequilla para echar cucharadas

de la mezcla en el aceite. Fría los buñuelos durante 8 o 10 minutos, o hasta que estén dorados. Fríalos por tandas para no cargar demasiado la sartén. Con una espumadera retire los buñuelos del fuego y déjelos escurrir sobre papel de cocina. Si lo desea, puede espolvorearlos con sal gruesa.

8 Sírvalos calientes o a temperatura ambiente acompañados de alioli para mojarlos.

Esqueixada

PARA 4-6 PERSONAS

400 g de bacalao salado
en una pieza

6 cebolletas cortadas finas
en diagonal

6 cucharadas de aceite
de oliva virgen extra

1 cucharada de vinagre
de jerez

1 cucharada de zumo
de limón

2 pimientos rojos grandes,
asados al grill, pelados
(véase página 74), sin
semillas y cortados finos
en dados

12 aceitunas negras grandes,
sin hueso y cortadas

2 tomates grandes y espesos,
cortados en rodajas finas

pimienta

2 cucharadas de perejil
fresco, picado muy fino,
para decorar

1 Ponga el bacalao salado en un bol grande. Cúbralo con agua fría y déjelo en remojo durante 48 horas, cambiándole el agua al menos 3 veces al día.

2 Séquelo bien con papel de cocina y quítele la piel y las espinas. Con los dedos, sepárelo en tiras finas. Póngalas en un bol que no sea metálico, con las cebolletas, el aceite de oliva, el vinagre y el zumo de limón, y mézclelo todo. Sazónelo con pimienta, tápelo y déjelo marinar en la nevera 3 horas.

3 Añádale los pimientos y las aceitunas. Rectifíquelo de sal, si es necesario, pero recuerde que el bacalao y las aceitunas podrían estar salados. Disponga las rodajas de tomate en una fuente grande o en varios platos individuales y coloque la ensalada por encima. Espolvoréela con el perejil picado y sírvala.

Bacalao frito

PARA 6 PERSONAS
350 g de bacalao salado
600 ml de leche
aceite vegetal, para freír
harina común,
   para espolvorear
sal marina
trozos de limón,
   para decorar
romesco (véase página 141),
   para servir (opcional)

1 Cubra el bacalao salado con agua fría y déjelo en remojo durante 48 horas, cambiándole el agua al menos 3 veces al día.

2 Ponga a hervir la leche en un cazo y cuando rompa el hervor, retírela del fuego y déjela enfriar completamente.

3 Escurra el bacalao y séquelo con papel de cocina, córtelo en tiras y quítele la piel y las espinas. Ponga las tiras de bacalao en un bol y écheles la leche fría por encima. Tápelas y déjelas en remojo en un lugar fresco o en la nevera durante 1 hora.

4 Escurra el pescado y séquelo con papel de cocina. Deseche la leche. Caliente abundante aceite vegetal en la freidora o una sartén grande a 180 o 190 °C, o hasta que un trozo de pan se dore en 30 segundos. Entre tanto, espolvoree las tiras de bacalao con harina y sacúdalas un poco para eliminar el exceso.

5 Fría las tiras de bacalao en abundante aceite, por tandas, 2 o 4 minutos, o hasta que estén doradas. Escúrralas sobre papel de cocina y espolvoréelas con sal marina. Cuando todo el bacalao esté listo, colóquelo en platos calientes, decórelo con trozos de limón y sírvalo con boles de romesco.

Bacalao con aguacate

PARA 6 PERSONAS

350 g de bacalao salado
2 cucharadas de aceite
  de oliva
1 cebolla picada fina
1 diente de ajo picado fino
3 aguacates
1 cucharada de zumo
  de limón
una pizca de guindilla molida
1 cucharada de jerez seco
4 cucharadas de nata
  espesa
sal y pimienta

1 Cubra el bacalao salado con agua fría y déjelo en remojo durante 48 horas, cambiándole el agua al menos 3 veces al día. Escúrralo bien, séquelo con papel de cocina y córtelo muy pequeñito.

2 Precaliente el horno a 180 °C. Caliente el aceite de oliva en una sartén grande de base gruesa. Añada la cebolla y el ajo y rehóguelos a fuego lento, removiéndolos de vez en cuando, 5 minutos, o hasta que estén blandos. Añada el bacalao y rehóguelo a fuego medio, removiéndolo con frecuencia, durante 6 u 8 minutos, o hasta que se desmenuce con facilidad. Retire la sartén del fuego y déjela enfriar un poco.

3 Corte los aguacates por la mitad, a lo largo, y quíteles el hueso. Con una cucharilla, extráigales la carne procurando no atravesar la piel. Reserve las mitades vaciadas y, en un bol, haga un puré con el aguacate y el zumo de limón.

4 Quite la piel y las espinas al bacalao y añádalo al aguacate, junto con la guindilla molida, el jerez y la nata. Bátalo todo con un tenedor y salpiméntelo al gusto.

5 Rellene las mitades de aguacate con una cuchara y póngalas en una bandeja. Áselas en el horno precalentado 10 o 15 minutos, colóquelas en platos y sírvalas.

Croquetas de bacalao y alcaparras

PARA 12 CROQUETAS

350 g de filetes de pescado
blanco, como bacalao,
abadejo o rape

300 ml de leche

4 cucharadas de aceite de
oliva o 55 g de mantequilla

50 g de harina común

4 cucharadas de
alcaparras cortadas
en trozos grandes

1 cucharadita de pimentón
dulce

1 diente de ajo machado

1 cucharadita de zumo
de limón

3 cucharadas de perejil
fresco, picado, y unas
ramitas para decorar

1 huevo batido

50 g de pan rallado

1 cucharada de semillas
de sésamo

aceite de maíz, para freír

sal y pimienta

trozos de limón,
para decorar

mayonesa, para servir

1 Ponga el pescado en un cazo grande. Vierta la leche por encima y sazónelo al gusto. Deje que la leche rompa el hervor, baje el fuego y cueza el pescado, tapado, unos 10 minutos, o hasta que se desmenuce. Con una espátula, retírelo del cazo. Vierta la leche en un jarrito y resérvela. Quite la piel y las espinas al pescado y desmenúcelo.

2 Caliente el aceite de oliva en un cazo grande. Añada la harina, mézclela hasta obtener una pasta y rehóguela a fuego lento, removiéndola, durante 1 minuto. Retire el cazo del fuego, añada la leche reservada gradualmente y mézclelo todo hasta obtener una mezcla homogénea. Vuelva a poner el cazo en el fuego y deje que rompa el hervor lentamente, removiendo la mezcla hasta que se espese.

3 Retire el cazo del fuego, añada el pescado a la mezcla y bátalo todo hasta que quede una pasta homogénea. Añada las alcaparras, el pimentón dulce, el ajo, el zumo de limón y el perejil y mézclelo todo. Sazone la mezcla al gusto. Extiéndala en un plato y déjela enfriar, luego tápela y déjela reposar en la nevera durante 2 o 3 horas o toda la noche.

4 Cuando la mezcla de pescado haya reposado, bata el huevo en un plato. Ponga el pan rallado y las semillas de sésamo en un plato aparte, mézclelas y extiéndalas. Divida la mezcla de pescado en

12 partes. Luego, con las manos ligeramente enharinadas, vaya dándoles forma alargada de unos 7,5 cm de largo. Pase las croquetas, de una en una, por el huevo batido y luego, por la mezcla de pan rallado. Póngalas en un plato y déjelas reposar durante 1 hora.

5 Caliente abundante aceite de maíz en la freidora a 180 o 190 °C, o hasta que un trozo de pan se dore en 30 segundos. Añada las croquetas, por tandas, y fríalas durante 3 minutos, o hasta que estén doradas y crujientes. Retírelas con una espumadera y escúrralas sobre papel de cocina. Sírvalas calientes, decoradas con unos trozos de limón y ramitas de perejil, y acompañadas con mayonesa para mojarlas.

Salmón fresco al mojo

PARA 8 PERSONAS

4 filetes de salmón fresco,
con un peso total de unos
750 g
3 cucharadas de aceite
de oliva
sal y pimienta
1 ramita de perejil fresco,
para decorar

MOJO

2 dientes de ajo pelados
2 cucharaditas de pimentón
dulce
1 cucharadita de comino
molido
5 cucharadas de aceite
de oliva virgen extra
2 cucharadas de vinagre
de vino blanco
sal

1 Para preparar la salsa, ponga el ajo, el pimentón dulce y el comino en un robot de cocina equipado con una cuchilla metálica y tritúrelo todo durante 1 minuto para mezclarlo bien. Con el motor aún en marcha, añada 1 cucharada de aceite de oliva, gota a gota, a través del tubo de alimentación. Con una espátula, recoja los restos de salsa que hayan quedado en los bordes del bol y siga vertiendo el aceite en un chorrito fino y continuo, hasta que se haya incorporado todo y la salsa haya espesado un poco. Añada el vinagre al robot y mézclelo durante 1 minuto más. Sazone la salsa al gusto con sal.

2 Para preparar el salmón, quítele la piel, corte cada filete por la mitad, a lo ancho, en trozos de 2 cm de grosor, y quítele todas las espinas. Sazónelos al gusto con sal y pimienta.

3 Caliente el aceite de oliva en una sartén grande de base gruesa. Cuando esté caliente, añada los trozos de salmón y fríalos unos 10 minutos, según su grosor, hasta que estén dorados por los dos lados.

4 Coloque el salmón en un plato caliente, échele un poco de salsa por encima y sírvalo caliente, decorado con perejil y acompañado de un bol con el resto de la salsa.

Brochetas de rape, romero y bacón

PARA 12 PERSONAS

350 g de cola de rape
  o 250 g de filete de rape
12 tallos de romero fresco
3 cucharadas de aceite
  de oliva
el zumo de ½ limón pequeño
1 diente de ajo machacado
6 lonchas de bacón
sal y pimienta
trozos de limón,
  para decorar
alioli (véase página 12),
  para servir

1 Si va a utilizar cola de rape, corte uno de los lados de la espina central con un cuchillo afilado y luego corte el pescado en dos filetes. Parta los filetes por la mitad, a lo largo, y luego corte cada filete en 12 trozos para obtener un total de 24. Ponga los trozos de rape en un bol grande.

2 Para preparar las brochetas de romero, quíteles las hojas a los tallos y resérvelas. Para hacer la marinada, pique las hojas reservadas bien finas, póngalas en un bol con el aceite de oliva, el zumo de limón, el ajo y sal y pimienta al gusto, y bátalo todo. Añada los trozos de rape y mézclelos hasta que estén bien cubiertos por la marinada. Tápelos y déjelos en la nevera 1 o 2 horas.

3 Corte cada loncha de bacón por la mitad, a lo largo, y luego por la mitad, a lo ancho, y enrolle cada trozo. Ensarte 2 trozos de rape alternándolos con 2 rollitos de

bacón en las brochetas de romero preparadas.

4 Precaliente la parrilla, la plancha o el grill. Si va a asar las brochetas debajo del grill precalentado, póngalas en la bandeja de las brochetas de romero no se quemen durante la cocción. Ase las brochetas de rape y bacón durante 10 minutos, dándoles la vuelta de vez en cuando y rociándolas con el jugo de la marinada, o hasta que estén a punto. Sírvalas calientes, decoradas con trozos de limón, para exprimirlos por encima, y acompañadas de un bol de alioli en el que mojar las brochetas.

Rape frito en escabeche

PARA 4-6 PERSONAS

600 g de cola de rape

600-900 ml de aceite de
oliva

6 chalotes en rodajas finas

2 zanahorias en rodajas

1 bulbo de hinojo en rodajas
finas

2 hojas de laurel

2 dientes de ajo cortados
en rodajitas

½ cucharadita de copos de
guindilla seca, o al gusto

300 ml de vinagre de vino
blanco

sal y pimienta

1½ cucharadas de semillas
de cilantro

ramitas de perejil fresco,
para decorar

trozos de limón,
para servir

PASTA PARA REBOZAR

140 g de harina común,
más 4 cucharadas para
espolvorear

½ cucharadita de sal

1 huevo, con la yema
y la clara separadas

200 ml de cerveza

1 cucharada de aceite
de oliva

1 Retire la membrana que cubre el rape, lávelo y séquelo. Para quitarle la espina, haga un corte a lo largo de la cola por uno de los lados de la espina central. Luego, corte el rape en diagonal en trozos de 1 cm.

2 Caliente 4 cucharadas de aceite de oliva en una sartén a fuego medio. Añada cuantos trozos de rape quepan para formar una sola capa y fríalos durante 2 minutos. Deles la vuelta y fríalos unos 4 minutos, o hasta que el pescado se desmenuce con facilidad. Escúrralo sobre papel de cocina. Póngalo en un bol que no sea metálico y resérvelo.

3 Caliente 230 ml de aceite en la sartén. Añada los chalotes y fríalos durante 3 minutos, o hasta que estén blandos pero no dorados. Añada las zanahorias, el hinojo, las hojas de laurel, el ajo, los copos de guindilla, el vinagre y sal y pimienta al gusto. Deje que el escabeche rompa el hervor, baje

el fuego y déjelo cocer durante 8 minutos. Añada las semillas de cilantro y cuézalo unos 2 minutos más, o hasta que las zanahorias estén tiernas. Añádale el pescado y déjelo enfriar. Tápelo y déjelo reposar 24 horas, como mínimo; se puede dejar incluso hasta 5 días.

4 Haga la pasta para rebozar 30 minutos antes de freír el pescado. Tamice la harina y la sal en un bol y haga un agujero en el centro. Eche la yema de huevo y 125 ml de cerveza en el hueco y mézclelo todo. Añada el aceite y la cantidad de cerveza necesaria para obtener una pasta homogénea y espesa. Déjela reposar durante 30 minutos. Retire el pescado de la marinada, séquelo y resérvelo. Caliente abundante aceite de oliva en una sartén grande hasta que chisporrotee. Bata la clara de huevo a punto de nieve. Remueva la mantequilla e incorpórela a la clara.

5 Tamice las 4 cucharadas de harina restantes en un plato y sazónelas. Reboce el pescado y sacúdalo un poco para eliminar el exceso de harina. Pase el pescado por la pasta de rebozar y fríalo en abundante aceite, por tandas, durante 3 o 4 minutos, o hasta que esté dorado. Escúrralo sobre papel de cocina. Colóquelo en un plato grande, decórelo con perejil y sírvalo con trozos de limón.

Pescado a la catalana

PARA 4 PERSONAS

4 alcachofas grandes
2 lenguados fileteados
½ limón
240 ml de vino blanco seco
55 g de mantequilla
2 cucharadas de harina
    común
240 ml de leche
nuez moscada recién
    rallada
1 hoja de laurel
160 g de champiñones
    cortados en láminas
sal y pimienta

1 Corte los tallos de las alcachofas y quíteles las hojas exteriores. Corte las puntas de las hojas con unas tijeras. Ponga las alcachofas en un cazo y añada suficiente agua como para cubrirlas y una pizca de sal. Deje que el agua rompa el hervor, baje el fuego y cuézalas 30 minutos, o hasta que estén tiernas.

2 Mientras tanto, sazone los filetes de pescado al gusto con sal y pimienta y exprima el limón por encima. Enrolle cada filete y sujételo con un palillo. Póngalos en un cazo grande, vierta el vino y cuézalos a fuego lento, rociándolos con el vino de vez en cuando, durante 15 minutos.

3 Derrita la mitad de la mantequilla en un cazo aparte, añada la harina y rehóguela, removiéndola constantemente, durante 2 minutos, o hasta que esté dorada. Retire el cazo del fuego y añada la leche gradualmente, sin dejar de remover. Vuelva a poner el cazo en el fuego y deje que la leche rompa

a hervir de nuevo removiendo constantemente, hasta que se espese y quede una salsa homogénea. Baje el fuego al mínimo, sazone la salsa al gusto con sal, pimienta y nuez moscada y añádale la hoja de laurel.

4 Derrita la mantequilla restante en una sartén. Añada los champiñones y rehóguelos a fuego medio, removiéndolos de vez en cuando, durante 3 minutos. Retire la sartén del fuego.

5 Con una espumadera, retire las alcachofas del cazo y escúrralas sobre papel de cocina. Quíteles las barbas y las hojas duras. Coloque las alcachofas en platos para servir. Reparta los champiñones entre los interiores de las alcachofas y rocíelos con la salsa, retirando previamente la hoja

de laurel. Ponga los filetes de pescado en un plato con la ayuda de una espumadera y quíteles los palillos. Coloque los filetes dentro de las alcachofas y ya puede servir los platos.

Sardinas a la plancha

PARA 4-6 PERSONAS
12 sardinas frescas
2 cucharadas de aceite
de oliva aromatizado
con ajo
sal marina gruesa y pimienta
trozos de limón,
para servir

1 Con un cuchillo, raspe las escamas de las sardinas. Luego, de una en una, sujételas fuerte con una mano, y con la otra, quíteles la cabeza, tirando hacia abajo. Con ello, debería conseguir quitarles la mayor parte de las tripas, junto con la cabeza; utilice un dedo para extraer los restos que puedan haber quedado. Puede emplear

el pulgar y el índice para agarrar la parte superior de la espina y tirar de ella hacia usted para quitarla. Lave bien las sardinas y séquelas con papel de cocina.

2 Precaliente la plancha a fuego fuerte y úntela con un poco de aceite de oliva aromatizado con ajo. Pinte las sardinas con el aceite y dispóngalas sobre la plancha, en una sola capa. Espolvoréelas con sal y pimienta al gusto.

3 Áselas durante 3 minutos, o hasta que la piel esté crujiente. Con unas pinzas, dé la vuelta a las sardinas, píntelas con más aceite y espolvoréelas con sal y

pimienta. Siga asándolas unos 2 o 3 minutos más, o hasta que se desmenucen con facilidad y la piel esté crujiente. Sírvalas enseguida con trozos de limón.

Sardinas fritas en abundante aceite

PARA 6-8 PERSONAS

120 ml de vinagre de vino
  tinto
3 dientes de ajo picados
  finos
1 guindilla roja fresca, sin
  semillas y picada fina
2 cucharadas de perejil
  fresco picado
1 kg de sardinas frescas,
  sin escamas, limpias y sin
  cabeza (véase página 138)
115 g de harina común
aceite vegetal, para freír
sal y pimienta
trozos de limón,
  para decorar

1 Mezcle el vinagre, el ajo, la guindilla y el perejil en una fuente que no sea metálica. Añada las sardinas y mézclelo todo hasta que queden bien cubiertas por la mezcla. Tápelas con film transparente y déjelas marinar en la nevera durante 1 hora.

2 Escurra bien las sardinas y séquelas con papel de cocina. Meta la harina en una bolsa de plástico y sazónela al gusto con sal y pimienta. Reboce las sardinas en la harina.

3 Caliente abundante aceite vegetal en la freidora o en una sartén grande de base gruesa a

180 o 190 °C, o hasta que un trozo de pan se dore en 30 segundos. Fría las sardinas, por tandas, durante unos 4 o 5 minutos, o hasta que estén doradas. Retírelas del aceite y escúrralas bien sobre papel de cocina. Manténgalas calientes mientras acaba de freír el resto. Sírvalas decoradas con trozos de limón.

Sardinas marinadas en vinagre de jerez

PARA 6 PERSONAS

12 sardinas frescas pequeñas
180 ml de aceite de oliva
4 cucharadas de vinagre
   de jerez
2 zanahorias cortadas en
   juliana
1 cebolla cortada en rodajas
   finas
1 diente de ajo machacado
1 hoja de laurel
4 cucharadas de perejil
   fresco picado
sal y pimienta
ramitas de eneldo fresco,
   para decorar
trozos de limón,
   para servir

1 Si todavía no lo ha hecho, limpie las sardinas y ráspelas con un cuchillo, con cuidado de no cortarles la piel, para quitar las escamas. Puede elegir entre dejarles la cabeza y las colas o bien desecharlas. Hágales un corte a lo largo del estómago y quíteles las tripas, bajo el chorro del agua fría. Séquelas bien sobre papel de cocina.

2 Caliente 4 cucharadas de aceite de oliva en una sartén grande de base gruesa. Añada las sardinas y fríalas durante 10 minutos, o hasta que estén doradas por ambos lados. Con una espátula, retire las sardinas de la sartén con mucho cuidado y póngalas en una

fuente larga, plana y que no sea metálica, formando una sola capa.

3 En un cazo grande, caliente el aceite de oliva restante y el vinagre de jerez a fuego lento. Añada las tiras de zanahoria, la cebolla, el ajo y la hoja de laurel y cuézalos a fuego lento unos 5 minutos o hasta que estén blandos. Sazone las verduras al gusto con

sal y pimienta. Deje enfriar un poco la mezcla y luego eche la marinada por encima de las sardinas.

4 Tape la fuente y deje enfriar las sardinas antes de meterlas en la nevera. Déjelas marinar durante 8 horas o toda la noche, rociándolas con la marinada de vez en cuando. Antes de servir las sardinas, espere a que recuperen la temperatura ambiente; luego, espolvoréelas con perejil y decórelas con ramitas de eneldo. Sírvalas con trozos de limón

Sardinas con romesco

PARA 6 PERSONAS

24 sardinas frescas, sin
escamas, limpias y sin
cabeza (véase página 138)
115 g de harina común
4 huevos ligeramente batidos
250 g de pan rallado
6 cucharadas de perejil
fresco picado
4 cucharadas de mejorana
fresca picada
aceite vegetal para freír

SALSA ROMESCO

1 pimiento rojo cortado por
la mitad y sin semillas
2 tomates cortados por
la mitad
4 dientes de ajo
120 ml de aceite de oliva
1 rebanada de pan blanco
cortada en dados
4 cucharadas de almendras
blanqueadas
1 guindilla roja fresca,
sin semillas y troceada
2 chalotes troceados
1 cucharadita de pimentón
dulce
2 cucharadas de vinagre
de vino tinto
2 cucharaditas de azúcar
1 cucharada de agua

1 En primer lugar, haga la salsa.
Precaliente el horno a 220 °C.
Ponga el pimiento rojo, los
tomates y el ajo en una fuente de
horno y rocíelos con 1 cucharada
de aceite de oliva. Áselos en el
horno precalentado 20 o 25 minutos,
sáquelos y déjelos enfriar. Pélelos
y póngalos en un robot de cocina.

2 Caliente 1 cucharada del aceite
restante en una sartén. Añada
el pan y las almendras y saltéelos a
fuego fuerte hasta que estén dorados. Retírelos del fuego y escúrralos
sobre papel de cocina. Ponga la
guindilla, los chalotes y el pimentón
dulce en la sartén y rehóguelos
5 minutos, o hasta que los chalotes
estén blandos.

3 Ponga la mezcla de almendras
y chalotes en el robot de cocina y añádale el vinagre, el azúcar y
el agua. Tritúrelo todo hasta obtener una salsa. Con el motor aún
en marcha, añada gradualmente el
aceite restante. Ponga la salsa en
un bol, tápela y resérvela.

4 Coloque las sardinas, con
el lado de la piel boca arriba,
sobre una tabla de cortar, y con los
pulgares presione la espina central
a lo largo. Deles la vuelta y quíteles
las espinas. Ponga la harina y los
huevos en boles separados y, en un
tercer bol, mezcle el pan rallado
con las hierbas. Reboce el pescado
en la harina, los huevos y, finalmente, en el pan rallado.

5 Caliente abundante aceite
vegetal en una sartén grande
a 180 o 190 °C, o hasta que un
trozo de pan se dore en 30 segundos. Fría el pescado 5 minutos,
o hasta que esté dorado y tierno.
Escúrralo y sírvalo con la salsa.

Sardinas con limón y guindilla

PARA 4 PERSONAS

450 g av. sardinas frescas
limpias, sin escamas y sin
cabeza
4 cucharadas de zumo
de limón
1 diente de ajo picado fino
1 cucharada de eneldo
picado fino
1 cucharadita de guindilla
roja fresca, picada fina
4 cucharadas de aceite
de oliva
Sal y pimienta

SUGERENCIA: Si lo desea,
puede servir las sardinas
cortadas en trocitos y
pinchadas con palillos, junto
con un poco de picada.

1 Ponga las sardinas, con el lado de la piel boca arriba, sobre una tabla de cortar, y con los pulgares presione la espina central a lo largo. Deles la vuelta y quíteles las espinas.

2 Ponga los filetes, con el lado de la piel boca abajo, en una fuente plana que no sea metálica, y rocíelos con el zumo de limón.

Tápelos con film transpartente y déjelos reposar en un lugar fresco durante 30 minutos.

3 Escurra el exceso de zumo de limón. Espolvoree las sardinas con el ajo, el eneldo y la guindilla y salpiméntalas al gusto. Rocíelas con el aceite de oliva, tápelas con film transparente y déjelas reposar durante 12 horas antes de servirlas.

Sardinas en escabeche

PARA 6 PERSONAS

180 ml de aceite de oliva

1 kg de sardinas frescas
  limpias, sin escamas y
  sin cabeza

3 cucharadas de vinagre
  de vino tinto

½ cucharada de agua

4 dientes de ajo pelados

1 hoja de laurel

2 ramitas de tomillo fresco

2 ramitas de romero fresco

4 cucharadas de perejil
  fresco picado

2 guindillas rojas frescas,
  sin semillas y picadas

sal y pimienta

1 Caliente 6 cucharadas de aceite de oliva en una sartén de base gruesa. Añada las sardinas y fríalas, por tandas, si es necesario, durante 4 o 5 minutos por cada lado. Retírelas con una espátula, escúrralas bien y póngalas en una fuente plana que no sea metálica. Tápelas con film transparente y resérvelas.

2 Añada el aceite de oliva restante a la sartén, caliéntelo a fuego lento y añádale el vinagre, el agua, el ajo, la hoja de laurel, el tomillo, el romero, el perejil y las guindillas, y sazónelo al gusto con sal y pimienta. Deje que rompa el hervor, baje el fuego y cuézalo durante 15 minutos.

3 Retire la sartén del fuego y déjela enfriar completamente. Vierta la mezcla sobre el pescado, tápelo y déjelo marinar en la nevera al menos durante 24 horas antes de servirlo.

Caballa en vinagre

PARA 4-6 PERSONAS

8 filetes de caballa fresca

300 ml de aceite de oliva
   virgen extra

2 cebollas moradas grandes,
   cortadas en rodajas finas

2 zanahorias cortadas en
   rodajas

2 hojas de laurel

2 dientes de ajo cortados
   en rodajas

2 guindillas rojas secas

1 bulbo de hinojo cortado
   por la mitad y luego, en
   rodajas finas

300 ml de vinagre de jerez

1½ cucharadas de semillas
   de cilantro

sal y pimienta

rebanadas de pan,
   para servir

1 Precaliente la parrilla a temperatura media. Ponga los filetes de caballa, con el lado de la piel boca arriba, sobre la rejilla y píntelos con aceite. Áselos en la parrilla caliente a 10 cm de la fuente de calor 4 o 6 minutos, o hasta que la piel esté crujiente y el pescado se desmenuce con facilidad. Resérvelo.

2 Caliente el aceite restante en una sartén. Agregue la cebolla y rehóguela 5 minutos, o hasta que esté blanda pero no dorada. Añada el resto de ingredientes y rehóguelos a fuego lento 10 minutos, hasta que las zanahorias estén tiernas.

3 Desmenuce la caballa en trozos grandes y quítele la piel y las espinas. Meta los trozos de caballa en un tarro y écheles por encima la mezcla de cebolla, zanahoria e hinojo. (El tarro debe poder albergar todos los ingredientes, dejando el mínimo espacio posible en la parte superior, una vez se haya echado la mezcla de verduras.) Déjelo enfriar por completo, ciérrelo herméticamente y déjelo reposar durante un mínimo de 24 horas y un máximo de 5 días. Sirva los trozos de caballa sobre tostadas de pan, con un chorrito del aceite por encima.

4 También puede servir la caballa y las verduras en vinagre como primer plato de una comida.

Angulas

PARA 4 PERSONAS

180 ml de aceite de oliva
4 dientes de ajo picados
1 guindilla roja fresca, sin
   semillas y cortadas en
   4 trozos
330 g de angulas, eperlanos
   limpios o chanquetes

1 Caliente el aceite de oliva en 4 platos individuales de barro resistentes al fuego. Añada el ajo y la guindilla y remuévalos.

2 Añada las angulas y saltéelas, removiéndolas con frecuencia, durante varios segundos. Si utiliza eperlanos o chanquetes, saltéelos 2 minutos más.

3 Cuando los platos empiecen a chispotear, sírvalos a la mesa enseguida.

Rollitos de atún

PARA 4 PERSONAS

3 pimientos rojos
120 ml de aceite de oliva
2 cucharadas de zumo
   de limón
3 cucharadas de vinagre
   de vino tinto
2 dientes de ajo picados
   finos
1 cucharadita de pimentón
   dulce
1 cucharadita de copos
   de guindilla seca
2 cucharaditas de azúcar
2 cucharadas de
   alcaparras saladas
200 g de atún conservado
   en aceite, escurrido y
   desmenuzado

1 Precaliente el grill a fuego fuerte. Ponga los pimientos sobre una bandeja de horno y áselos debajo del grill precalentado, dándoles la vuelta con frecuencia, 10 minutos, o hasta que la piel se haya ennegrecido. Métalos en una bolsa de plástico, átela y déjelos enfriar.

2 Mientras, mezcle y bata en un bol el aceite, el zumo de limón, el vinagre, el ajo, el pimentón dulce, los copos de guindilla y el azúcar.

3 Cuando los pimientos estén lo suficientemente fríos como para manipularlos, pélelos, córtelos en tres partes a lo largo y quíteles las semillas. Póngalos en una fuente que no sea metálica, aliñelos con la mezcla y remueva todo bien. Déjelos reposar en un lugar fresco unos 30 minutos.

4 Quite la sal a las alcaparras y mézclelas con el atún. Escurra los trozos de pimiento y reserve el aliño. Reparta el atún entre los trozos de pimiento y enróllelos. Sujételos con un palillo. Ponga los rollitos de atún en una fuente para servir, rocíelos con el aliño y sírvalos a temperatura ambiente.

Ensalada de atún, huevo y patata

PARA 4 PERSONAS

350 g de patatas nuevas
   sin pelar
1 huevo duro frío y pelado
3 cucharadas de aceite
   de oliva
1½ cucharadas de vinagre
   de vino blanco
115 g de atún en conserva,
   escurrido y desmenuzado
2 chalotes picados finos
1 tomate pelado y cortado
   en dados
2 cucharadas de perejil
   fresco picado
sal y pimienta

1 En una olla, ponga agua con un poco de sal a hervir y cueza las patatas durante 10 minutos. Retírelas del fuego, tápelas y déjelas reposar entre 15 y 20 minutos, hasta que estén tiernas.

2 Mientras tanto, corte el huevo por la mitad, y luego, otra vez por la mitad. En un bol, mezcle y bata el aceite de oliva y el vinagre y sazónelos al gusto con sal y pimienta. Vierta una pequeña

Forme una segunda capa con el resto de rodajas de patata, atún, huevo y chalotes, y vierta por encima el aliño restante.

cantidad de vinagreta en un plato de servir para formar la base.

3 Escurra las patatas, pélelas y córtelas en rodajas finas. Ponga la mitad de éstas en el plato y sazónelas al gusto con sal. Luego, coloque encima la mitad del atún, la mitad de los trozos de huevo y la mitad de los chalotes. Vierta por encima la mitad del aliño restante.

4 Finalmente, corone la ensalada con el tomate y el perejil. Tápela con film transparente y déjela reposar en un lugar fresco durante 1 o 2 horas antes de servirla.

Atún con aceitunas rellenas de pimiento

PARA 6 PERSONAS

2 filetes de atún fresco, con un peso total de unos 250 g y unos 2,5 cm de grosor

5 cucharadas de aceite de oliva

3 cucharadas de vinagre de vino tinto

4 ramitas de tomillo fresco y unas cuántas más para decorar

1 hoja de laurel

2 cucharadas de harina común

1 cebolla picada fina

2 dientes de ajo picados finos

160 g de aceitunas verdes rellenas de pimiento, cortadas

sal y pimienta

pan de barra, para servir

1 No se deje sorprender por esta receta: Es necesario marinar los filetes de atún, así que recuerde que hay que empezar a preparar el plato el día anterior. Quite la piel a los filetes de atún y córtelos por la mitad siguiendo la veta del pescado. Corte cada mitad en trozos de 1 cm de grosor, en el sentido contrario de la veta.

2 En una fuente grande y plana, que no sea metálica, vierta 3 cucharadas de aceite de oliva y el vinagre. Arranque las hojas a las ramitas de tomillo y añádalas a la fuente, junto con la hoja de laurel y sal y pimienta al gusto. Añada los trozos preparados de atún, tape la fuente y déjelos marinar en la nevera unas 8 horas o durante toda la noche.

3 Al día siguiente, ponga la harina en una bolsa de plástico. Retire los trozos de atún de la marinada y reserve ésta para más tarde. Añada los trozos de atún a la bolsa de harina y rebócelos ligeramente.

4 Caliente el aceite de oliva restante en una sartén grande de base gruesa. Añada la cebolla y el ajo y fríalos a fuego lento durante 5 o 10 minutos, o hasta que estén blandos y dorados. Añada los trozos de atún a la sartén y fríalos entre 2 y 5 minutos, dándoles la vuelta varias veces, hasta que el pescado se vuelva opaco. Añada la marinada que tenía reservada al atún y cuézalos 1 o 2 minutos más, removiéndolos, hasta que el pescado esté tierno y la salsa, espesa.

5 Sirva el atún y las aceitunas muy calientes, decorados con ramitas de tomillo. Acompáñelos de pan para mojar en la salsa.

Chanquete frito picante

PARA 4 PERSONAS

113 g de harina común
½ cucharadita de cayena
  molida
½ cucharadita de comino
  molido
1 cucharadita de pimentón
  dulce
una pizca de sal
125 kg de chanquete
aceite vegetal para freír
trozos de limón, para decorar

1 En un bol grande, plato o bandeja, mezcle la harina, la cayena, el comino, el pimentón dulce y la sal.

2 Lave el pescado y séquelo con papel de cocina. Añada los chanquetes a la harina condimentada, por tandas, y rebócelos.

3 Caliente abundante aceite vegetal en la freidora o en una sartén grande a 180 o 190 °C, o hasta que un trozo de pan se dore en 30 segundos. Fríalos por tandas, durante unos 2 o 3 minutos, o hasta que estén dorados.

4 Escúrralos bien sobre papel de cocina y manténgalos calientes mientras acaba de freír el resto. Sírvalos en platos calientes, decorados con trozos de limón.

Calamares

PARA 6 PERSONAS
450 g de calamares limpios
harina común, para rebozar
aceite de maíz, para freír
sal
trozos de limón, para decorar
alioli (véase página 13),
   para servir

1 Corte los calamares en anillos de 1 cm de grosor y corte los tentáculos por la mitad, si son muy largos. Lávelos y séquelos bien sobre papel de cocina para que no salpiquen de aceite durante la cocción. Espolvoree los anillos con harina para que queden ligeramente rebozados. No sale la harina, ya que haría que los calamares se endurecieran.

2 Caliente abundante aceite de maíz en la freidora a 180 o 190 °C, o hasta que un trozo de pan se dore en 30 segundos. Añada con cuidado los anillos de calamar, por tandas, para que la temperatura del aceite no disminuya, y fríalos, dándoles la vuelta varias veces, durante 2 o 3 minutos, o hasta que estén dorados y crujientes. No los fría demasiado, porque si no el calamar quedará duro y correoso en vez de jugoso y tierno.

3 Con una espumadera, retire los calamares fritos de la freidora y déjelos escurrir sobre papel de cocina. Manténgalos calientes en el horno mientras fríe el resto.

4 Espolvoree los anillos de calamar con sal y sírvalos muy calientes, decorados con trozos de limón, que podrá exprimir por encima. Acompáñelos de un bol pequeño de alioli para mojar los calamares en él.

Calamares con tomates cereza

PARA 6 PERSONAS

300 g de calamares limpios
100 ml de aceite de oliva
2 cucharadas de zumo de
  limón
1 diente de ajo picado fino
2 cucharadas de perejil
  fresco picado
1 cucharada de mejorana
  fresca picada
una pizca de cayena molida
1 calabacín
1 rúcula separada en hojas
330 g de tomates cereza

1 Corte los calamares en anillos de 1 cm de grosor. Caliente 2 cucharadas de aceite de oliva en una sartén grande. Añada los anillos y fríalos a fuego fuerte, removiéndolos constantemente, durante 3 minutos, o hasta que se vuelvan opacos y estén tiernos al pincharlos con la punta de un cuchillo afilado. Con una espu-

madera, pase los calamares a un bol que no sea metálico.

2 En otro bol, mezcle y bata el aceite restante, el zumo de limón, el ajo, el perejil, la mejorana y la cayena, y luego vierta el aliño sobre los calamares. Mézclelo todo muy bien, cúbralo con film transparente y déjelo enfriar.

Deje reposar los calamares así preparados unas 8 horas.

3 Con un pelador de cuchilla giratoria, corte el calabacín en cintas largas. En un plato, mezcle las cintas de calabacín, las hojas de rúcula y los tomates. Añádales encima los calamares aliñados y sírvalos.

Calamares rellenos en su tinta

PARA 6-8 PERSONAS

60 chipirones o 30 calamares
  medianos
160 ml de aceite de oliva
100 ml de vino blanco
4 cebollas españolas
  troceadas
1 cabeza de ajos dividida
  en dientes pelados
2 pimientos verdes sin semillas
  y troceados
2 tomates cortados finos
100 ml de vino tinto
100 ml de agua
sal y pimienta
cebollinos frescos cortados,
  para decorar

1 Llene parcialmente un bol con agua fría. Limpie los calamares, separe las cabezas y dé la vuelta a los cuerpos con cuidado, de modo que la parte interior quede a la vista. Quíteles las bolsas de tinta y resérvelas en el bol con agua. Corte los tentáculos de las cabezas y quíteles la boca, presionándola hacia fuera; ráspeles las ventosas con un cuchillo afilado y córtelos en trozos. Lave el cuerpo de los calamares y quíteles

la piel. Deseche las «plumas» (los cartílagos) y rellene los cuerpos con los tentáculos.

2 Caliente 4 cucharadas de aceite de oliva en una sartén grande de base gruesa. Sazone los calamares al gusto con sal. Añádalos a la sartén, tápelos y fríalos a fuego lento, por tandas, si fuera

necesario, y dándoles la vuelta de vez en cuando, durante 5 minutos, o hasta que estén dorados. Escúrralos y resérvelos. Añada más aceite a la sartén si fuera necesario.

3 Ponga las bolsas de tinta en un robot de cocina o en una licuadora, añádales el vino blanco y tritúrelo todo hasta que quede bien mezclado. Resérvelo.

4 Caliente 4 cucharadas del aceite restante en una sartén aparte. Añada las cebollas y rehóguelas a fuego lento, removiéndolas de vez en cuando, durante 5 minutos. Agrégueles el ajo y los pimientos verdes, tápelos y rehóguelos durante 15 o 20 minutos, o hasta que las verduras estén muy tiernas pero no doradas. A continuación, añádales los tomates, mézclelo todo y vierta la mezcla de tinta. Ponga el contenido de la sartén en el robot de cocina o en la licuadora.

5 Añada los calamares a la sartén y cúbralos bien con la mezcla que ha quedado en la base de la misma. Luego póngalos en una cazuela refractaria. Vierta el vino tinto en la sartén, añádale el agua y cuézalo a fuego lento, raspando el sedimento de la base de la sartén con una cuchara de madera. Vierta la mezcla en el robot de cocina o en la licuadora y tritúrela bien. Pase la salsa por un colador y luego viértala sobre los calamares.

6 Tape la cazuela y cueza los calamares en la salsa a fuego lento durante 1 hora. Sírvalos enseguida, espolvoreados con los cebollinos, o bien déjelos aparte, y cuando llegue el momento de servirlos, caliéntelos de nuevo a fuego lento.

Calamares y judías

PARA 6 PERSONAS

500 g de calamares limpios
3 dientes de ajo picados
300 ml de vino tinto seco
500 g de patatas nuevas
  sin pelar
225 g de judías verdes
  cortadas en trozos
  pequeños
4 cucharadas de aceite
  de oliva
1 cucharada de vinagre
  de vino tinto
sal y pimienta

1 Precaliente el horno a 180 °C. Con un cuchillo afilado, corte los calamares en anillos de 1 cm de grosor y póngalos en una fuente de horno. Espolvoreélos con la mitad del ajo, écheles el vino por encima y sazónelos al gusto con sal y pimienta. Tape la fuente con papel de aluminio y cueza los calamares en el horno precalentado durante 45 o 50 minutos, o hasta que estén blandos; para comprobarlo pínchelos con la punta de un cuchillo.

2 Mientras tanto, en una olla ponga a hervir agua con un poco de sal y cueza las patatas durante 15 o 20 minutos, o hasta que estén blandas. Escúrralas y déjelas enfriar; luego, córtelas en rodajas gruesas y póngalas en un bol grande.

3 En una olla aparte, ponga a hervir agua con un poco de sal y cueza las judías 3 o 5 minutos, o hasta que estén blandas. Escúrralas y añádalas a las patatas. Escurra los calamares y agréguelos también.

4 En un bol, mezcle y bata el aceite de oliva, el vinagre y el resto del ajo y sazónelo al gusto con sal y pimienta. Vierta el aliño sobre la ensalada y mézclelo todo. Sirva la ensalada caliente.

Cangrejo con almendras

PARA 4 PERSONAS

450 g de carne de cangrejo
   fresca, en conserva, o bien
   descongelada
115 g de mantequilla
85 g de almendras
   fileteadas
125 g de nata espesa
1 cucharada de perejil
   fresco picado
sal y pimienta

1 Examine bien la carne de cangrejo para quitar los trocitos de cartílago o caparazón. Derrita la mitad de la mantequilla en una sartén de base gruesa. Añádale la carne de cangrejo y rehóguela a fuego medio, removiéndola de vez en cuando, durante 10 minutos, o hasta que esté dorada. Retire la sartén del fuego y resérvela.

2 Derrita el resto de la mantequilla en una sartén aparte. Añádale las almendras y rehóguelas a fuego lento, removiéndolas de vez en cuando, durante 5 minutos, o hasta que estén doradas.

3 Mezcle las almendras con la carne de cangrejo y sazónelos al gusto con sal y pimienta. Añada la nata y el perejil y deje que rompa el hervor. Baje el fuego y déjelos cocer lentamente durante 3 minutos. Póngalos en un plato caliente y sírvalos enseguida.

Tartaletas de cangrejo

PARA 24 TARTALETAS

1 cucharada de aceite
 de oliva
1 cebolla pequeña picada fina
1 diente de ajo picado fino
un chorrito de vino blanco
 seco
2 huevos
160 ml de leche o nata
 líquida
175 g de carne de cangrejo
 escurrida
55 g de queso manchego
 o parmesano rallado
2 cucharadas de perejil
 fresco picado
una pizca de nuez moscada
 recién rallada
sal y pimienta
ramitas de eneldo fresco,
 para decorar

MASA

350 g de harina común,
 y un poco más para
 espolvorear
una pizca de sal
170 g de mantequilla
2 cucharadas de agua fría
O BIEN
500 g de masa preparada sin
 azúcar

1 Precaliente el horno a 190 °C. Para preparar el relleno de cangrejo, caliente el aceite de oliva en una sartén. Añada la cebolla y fríala 5 minutos, o hasta que esté blanda pero no dorada. Añada el ajo y fríalo 30 segundos más. Añada un chorrito de vino blanco y cuézalo 1 o 2 minutos, o hasta que casi todo el vino se haya evaporado.

2 En un bol grande, bata ligeramente los huevos y luego añada la leche o nata líquida sin dejar de batir. Añada la carne de cangrejo, el queso rallado, el perejil y la mezcla de cebolla y ajo. Sazónelo todo con nuez moscada y sal y pimienta al gusto y mézclelo.

3 Para preparar la masa, si va a hacerla usted, mezcle la harina y la pizca de sal en un bol grande. Añada la mantequilla, cortada en trozos pequeños, y mézclelo todo con las manos hasta que parezca pan rallado. Añada y mezcle gradualmente el agua suficiente para formar una masa firme. También puede hacer la masa utilizando un robot de cocina.

4 Enharine la superficie de trabajo y extienda la masa por encima. Con un cortapastas redondo de 7 cm de diámetro, corte la masa en 18 círculos. Amase los recortes sobrantes y forme 6 círculos más. Forre moldes

de tartaletas de 4 cm de diámetro con la masa. Con la ayuda de una cuchara, rellene las tartaletas con la mezcla de cangrejo, sin cargarlas demasiado.

5 Cueza las tartaletas en el horno precalentado durante 25 o 30 minutos, o hasta que estén doradas y el relleno, cuajado. Sírvalas calientes o frías, decoradas con ramitas de eneldo fresco.

Pimientos rellenos de ensalada de cangrejo

PARA 16 PIMIENTOS

16 pimientos del piquillo
escurridos, o pimientos
asados, con la parte
superior cortada
perejil fresco picado,
para decorar

ENSALADA DE CANGREJO

240 g de carne de cangrejo
en conserva, escurrida
y bien exprimida

1 pimiento rojo asado a la
parrilla, pelado (véase
página 74) y troceado

más 2 cucharadas de zumo
de limón recién exprimido

230 g de queso cremoso

sal y pimienta

1 En primer lugar, haga la ensalada. Examine bien la carne de cangrejo para quitar los trocitos de cartílago o caparazón. Ponga la mitad de la carne de cangrejo en un robot de cocina, junto con el pimiento rojo preparado, 1¹/2 cucharadas de zumo de limón y sal y pimienta al gusto. Tritúrelo todo bien y póngalo en un bol. Añada el queso y el resto de carne de cangrejo desmenuzada y mézclelo

todo. Pruébelo y añádale más zumo de limón, si lo cree necesario.

2 Seque los pimientos del piquillo y quíteles las semillas que queden en las puntas. Con una cucharilla, reparta la ensalada de cangrejo entre los pimientos, rellenándolos generosamente. Dispóngalos en los platos y tápelos hasta el momento de servirlos. Justo antes, espolvoréelos con el perejil picado.

SUGERENCIA: Si no tiene pimientos del piquillo, ase 16 pimientos de la variedad Mediterránea, que son largos y dulces, en lugar de pimientos de cerecilla o guindillas. No obstante, si sólo dispone de éstos últimos, córtelos en 4 o 6 trozos y extienda la ensalada de cangrejo a lo largo de cada trozo.

Gambas con gabardina y salsa de cilantro

PARA 4 PERSONAS

12 gambas crudas del Mediterráneo
1 huevo
120 ml de agua
115 g de harina común
1 cucharadita de cayena molida
aceite vegetal, para freír
trozos de naranja, para decorar

SALSA DE CILANTRO

1 manojo grande de cilantro cortado en trozos grandes
3 dientes de ajo picados
2 cucharadas de concentrado de tomate
2 cucharadas de zumo de limón
1 cucharada de ralladura de limón
1½ cucharadita de azúcar
1 cucharadita de comino molido
3 cucharadas de aceite de oliva

1 En primer lugar, haga la salsa de cilantro. Ponga el cilantro, el ajo, el concentrado de tomate, el zumo y la ralladura de limón, el azúcar y el comino en un robot de cocina o en una licuadora y tritúrelo todo hasta que quede bien mezclado. Con el motor aún en marcha, vaya añadiendo el aceite de oliva gradualmente a través del tubo de alimentación hasta

incorporarlo todo. Transfiera la salsa a un bol, tápela bien con film transparente y déjela reposar hasta el momento de servirla a la mesa.

2 Quite las cabezas a las gambas y pélelas, dejándoles la cola

intacta. Haga un corte a lo largo del lomo de las gambas y extráigales el intestino (la vena negra). Lávelas bajo el chorro del agua fría y séquelas con papel de cocina.

3 En un bol pequeño, mezcle y bata el huevo con el agua. Vaya añadiendo gradualmente la harina y la cayena, sin dejar de batir hasta que quede homogénea.

4 Caliente una buena cantidad de aceite vegetal en la freidora o en una sartén grande a 180 o 190 °C, o hasta que un trozo de pan se dore en 30 segundos. Sujetando las gambas por la cola, rebócelas en la masa de huevo, de una en una, y sacúdelas para

quitarles el exceso de rebozado. Fría las gambas durante 2 o 3 minutos, o hasta que estén crujientes. Con una espumadera, retírelas y póngalas a escurrir sobre papel de cocina. Sírvalas inmediatamente, decoradas con trozos de naranja. Sirva la salsa de cilantro aparte.

Gambas al ajillo con limón y perejil

PARA 6 PERSONAS

60 gambas grandes crudas, frescas o descongeladas

160 ml de aceite de oliva

6 dientes de ajo cortados finos

3 guindillas rojas secas (opcional)

6 cucharadas de zumo de limón recién exprimido

6 cucharadas de perejil fresco picado muy fino

pan de barra, para servir

1 Pele las gambas, quíteles los intestinos (venas negras) y las cabezas pero déjeles las colas

intactas. A continuación, lávelas y séquelas.

2 Caliente el aceite de oliva en una cacerola o una sartén grande de base gruesa. Añada el ajo y las guindillas (si desea

utilizarlas), y remuévalos constantemente hasta que empiecen a chisporrotear. Añada las gambas y fríalas hasta que adquieran un color rosado y empiecen a curvarse.

3 Con una espumadera, ponga las gambas en boles de barro calientes. Rocíelas con el zumo de limón y espolvoréelas con perejil. Sírvalas con mucho pan para mojarlo en el jugo.

Gambas al ajillo

PARA 4 PERSONAS

120 ml de aceite de oliva
4 dientes de ajo picados finos
2 guindillas rojas frescas, sin semillas y picadas finas
450 g de gambas grandes cocidas
2 cucharadas de perejil fresco picado
sal y pimienta
trozos de limón, para decorar
pan de barra, para servir

1 Caliente el aceite de oliva en un wok, o en una sartén grande de base gruesa, a fuego lento. Añada el ajo y las guindillas y saltéelos, removiéndolos de vez en cuando, durante 1 o 2 minutos, o hasta que estén blandos, pero no dorados.

2 Añada las gambas y fríalas, removiéndolas constantemente, durante 2 o 3 minutos, o hasta que estén calientes y bien cubiertas por la mezcla de aceite y ajo.

3 Apague el fuego y añada a las gambas el perejil picado, removiéndolo todo hasta que

quede bien mezclado. Sazónelas al gusto con sal y pimienta.

4 Reparta las gambas y el aceite aromatizado con el ajo en platos calientes y decórelas con trozos de limón. Sírvalas con mucho pan.

Gambas con lima

PARA 6 PERSONAS

4 limas

12 gambas grandes crudas,
    con su caparazón

3 cucharadas de aceite
    de oliva

2 dientes de ajo picados
    finos

un chorrito de jerez seco

4 cucharadas de perejil
    fresco picado

sal y pimienta

1 Ralle la cáscara y exprima el zumo de 2 limas. Corte las otras dos en trozos y resérvelos hasta el momento de servir el plato.

2 Para preparar las gambas, quíteles las patas y déjeles el caparazón y la cola intactos. Haga un corte a lo largo del lomo de las gambas y quíteles el intestino (vena negra). Lávelas bajo el chorro del agua fría y séquelas bien sobre papel de cocina.

3 Caliente el aceite en una sartén grande de base gruesa, añada el ajo y fríalo durante 30 segundos. Añada las gambas y fríalas durante 5 minutos, removiéndolas de vez en cuando, o hasta que adquieran un color rosado y empiecen a curvarse. Añádeles la ralladura de lima y

un chorrito de jerez para humedecerlas, y mézclelo todo bien.

4 Ponga las gambas en un plato, salpimiéntalas al gusto y espolvoréelas con el perejil picado.

5 Sírvalas muy calientes acompañadas de los trozos de lima reservados; exprímalos sobre las gambas justo antes de comerlas.

Gambas envueltas en jamón

PARA 16 GAMBAS

16 gambas grandes crudas
16 lonchas finas de jamón
serrano o curado
aceite de oliva virgen extra

ALIÑO DE TOMATE Y
ALCAPARRAS

2 tomates pelados
y sin semillas
1 cebolla morada pequeña
picada muy fina
4 cucharadas de perejil
fresco picado muy fino
1 cucharada de alcaparras
en salmuera escurridas,
lavadas y troceadas
la ralladura fina de 1 limón
grande
4 cucharadas de aceite
de oliva virgen extra
1 cucharada de vinagre
de jerez

SUGERENCIA: Para pelar y despepitar los tomates, retire el pedúnculo y córteles la parte superior. Póngalos en un bol refractario, cúbralos con agua hirviendo y déjelos 30 segundos. Páselos a un bol con agua y hielo. Pélelos, córtelos por la mitad y retire el corazón y las semillas.

1 Precaliente el horno a 160 °C. Para hacer el aliño, trocee el tomate preparado muy fino y póngalo en un bol. Añádale la cebolla, el perejil, las alcaparras y la ralladura de limón y mézclelo todo. Mezcle el aceite de oliva y el vinagre y añádalos a los otros ingredientes. Reserve el aliño.

2 Quite las cabezas a las gambas, pélelas y déjeles la cola intacta. Haga un corte a lo largo del lomo de las gambas y extráigales el intestino (vena negra). Lávelas y séquelas. Envuélvalas con una loncha de jamón y úntelas con un poco de aceite. Ponga las gambas en una fuente refractaria lo suficientemente grande como para que quepan todas en una sola capa. Hornéelas en el horno precalentado durante 10 minutos.

3 Coloque las gambas en una fuente y rocíelas con el aliño. Sírvalas enseguida o déjelas enfriar a temperatura ambiente.

Gambas con aliño de azafrán

PARA 6-8 PERSONAS

un buen pellizco de hebras
de azafrán
2 cucharadas de agua
caliente
170 g de mayonesa
2 cucharadas de cebolla
rallada
4 cucharadas de zumo
de limón
1 cucharadita de mostaza
de Dijon
1 kg de gambas cocidas
del Mediterráneo
1 lechuga romana separada
en hojas
4 tomates cortados en
trozos
8 aceitunas negras
sal y pimienta

1 En un bol pequeño, mezcle el azafrán con el agua y remuévalo. En un bol aparte que no sea metálico, mezcle la mayonesa, la cebolla, el zumo de limón y la mostaza y bátalo todo. Sazone el aliño al gusto con sal y pimienta y viértalo en el agua con el azafrán en remojo. Tápelo con film transparente y déjelo reposar.

2 Quite las cabezas a las gambas y pélelas. Haga un corte en el lomo de las gambas y extráigales el intestino (vena negra). Lávelas y séquelas con papel de cocina.

3 Disponga las hojas de lechuga en una fuente grande o en platos individuales para servir. Coloque encima las gambas y decórelas con los trozos de tomate y las aceitunas. Sírvalas con el aliño de azafrán.

Gambas picantes al jerez

PARA 4 PERSONAS

12 gambas crudas del
  Mediterráneo
2 cucharadas de aceite
  de oliva
2 cucharadas de jerez seco
una pizca de cayena molida
  o unas gotitas de tabasco
sal y pimienta

1 Quite las cabezas a las gambas y pélelas, dejándoles la cola intacta. Haga un corte en el lomo de las gambas y extráigale el intestino (vena negra). Lávelas y séquelas.

2 Caliente el aceite de oliva en una sartén grande de base gruesa. Añada las gambas y fríalas a fuego medio, removiéndolas de vez en cuando, durante 2 o 3 minutos, o hasta que adquieran un color rosado. Añádales el jerez y sazónelas al gusto con cayena, sal y pimienta.

3 Vierta el contenido de la sartén en una fuente para servir. Pinche cada gamba con un palillo y sírvalas.

Gambas al azafrán con mayonesa de limón

PARA 6-8 PERSONAS

1,25 kg de gambas crudas
del Mediterráneo
80 g de harina común
120 ml de cerveza rubia
2 cucharadas de aceite
de oliva
una pizca de azafrán molido
2 claras de huevo
aceite vegetal para freír

MAYONESA DE LIMÓN

4 dientes de ajo
2 yemas de huevo
1 cucharada de zumo
de limón
1 cucharada de ralladura
fina de limón
300 ml de aceite de maíz
sal y pimienta

1 En primer lugar, haga la mayonesa. Ponga los dientes de ajo sobre una tabla de cortar, espolvoréelos con un poco de sal y cháfelos con un cuchillo grande. Píquelos finos y vuelva a chafarlos.

2 Ponga los ajos en un robot de cocina o en una licuadora, añádales las yemas de huevo, el zumo y la ralladura de limón y tritúrelo todo un poco hasta que quede bien mezclado. Con el motor aún en marcha, vaya añadiendo gradualmente el aceite de maíz a través del tubo de alimentación hasta incorporarlo todo. Vierta la mayonesa en un bol para servir, sazónela al gusto con sal y pimienta,

y luego tápela y déjela reposar hasta el momento de servir.

3 Quite las cabezas a las gambas y pélelas, dejándoles la cola intacta. Haga un corte a lo largo

del lomo de las gambas y extráigales el intestino (vena negra). Lávelas bajo el chorro del agua fría y séquelas con papel de cocina.

4 Tamice la harina en un bol. En un jarrito, mezcle la cerveza, el aceite y el azafrán y agréguelo todo a la harina gradualmente y batiendo. Tape la mezcla y déjela reposar a temperatura ambiente durante 30 minutos.

5 Bata las claras de huevo en un bol limpio hasta que estén firmes. Incorpore las claras poco a poco a la mezcla de harina.

6 Caliente abundante aceite vegetal en la freidora o en una sartén grande a 180 o 190 °C, o hasta que un trozo de pan se dore en 30 segundos. Sujetando las gambas por la cola, rebócelas en la masa de harina y sacúdalas para

quitarles el exceso. Introduzca las gambas en el aceite y fríalas unos 2 o 3 minutos, o hasta que estén crujientes. Con una espumadera, retírelas y póngalas a escurrir sobre papel de cocina. Sírvalas inmediatamente, junto con la mayonesa.

Empanadillas rellenas de gamba

PARA 8-10 PERSONAS

230 g de harina común,
y un poco más para
espolvorear

255 g de mantequilla

160 ml de agua con hielo

1 cucharadita de zumo
de limón

240 ml de leche

nuez moscada recién
rallada

1 hoja de laurel

450 g de gambas cocidas
y peladas

1 huevo duro pelado y
troceado

1 cucharada de pimentón
dulce

una pizca de cayena molida

1 cucharada de perejil
fresco picado

aceite vegetal, para freír

sal y pimienta

1 En un bol, tamice 210 g de la harina con una pizca de sal. Añada 55 g de la mantequilla y mézclelo todo con las manos hasta que parezca pan rallado. Añada el agua y el zumo de limón y amáselo todo hasta obtener una masa homogénea. Dele forma de bola, tápela y déjela reposar 15 minutos. Ponga 170 g de mantequilla entre dos hojas de papel parafinado y forme un rectángulo de 5 mm de grosor.

2 Enharine la superficie de trabajo y extienda la masa por encima formando un rectángulo de 5 mm de grosor. Coloque el rectángulo de mantequilla en el centro. Doble la masa por encima, envolviendo la mantequilla, y déjela reposar durante 10 minutos.

3 Ponga la masa sobre la superficie enharinada con el lado doblado de cara a usted. Estírela hasta que tenga unos 5 mm de grosor y luego vuelva a doblarla en tres partes. Envuélvala y déjela reposar 15 minutos. Repita el proceso de estirar y doblar dos veces más.

4 Mientras, derrita la mantequilla restante en una sartén. Añada la harina restante y rehóguela, removiéndola constantemente, 2 minutos, o hasta que esté dorada. Retire la sartén del fuego y añádale

la leche gradualmente, removiéndola. Vuelva a poner la sartén en el fuego y lleve a ebullición, sin dejar de remover, hasta que la mezcla se espese. Baje el fuego al mínimo, sazone la mezcla al gusto con sal, pimienta y nuez moscada, y añádale la hoja de laurel. Retire la sartén del fuego y déjela enfriar.

5 En un bol, mezcle las gambas y el huevo; luego añádales la salsa y quite la hoja de laurel. Agregue el pimentón, la cayena y el perejil y mézclelo todo.

6 Estire la masa formando un rectángulo de unos 5 mm de grosor y córtela en cuadrados de 7,5 cm. Ponga una cucharada de la mezcla de gamba sobre cada

uno de ellos. Humedezca los bordes con agua y doble la masa para formar triángulos, presionando los bordes para cerrarlos.

7 Caliente abundante aceite vegetal en la freidora o en una sartén grande a 180 o 190 °C, o hasta que un trozo de pan se dore en 30 segundos. Fría los triángulos, por tandas, unos 2 minutos, o hasta que estén dorados y se hayan hinchado. Retírelos de la sartén y déjelos escurrir sobre papel de cocina. Sírvalos calientes.

Gambas con guindilla muy calientes

PARA 6 PERSONAS

500 g de gambas grande cruda, con su caparazón

1 guindilla roja fresca pequeña

6 cucharadas de aceite de oliva

2 dientes de ajo picados finos

una pizca de pimentón dulce

sal

pan de barra, para servir

1 Quite las cabezas a las gambas y pélelas, dejándoles la cola intacta. Haga un corte a lo largo del lomo de las gambas y extráigales el intestino (vena negra). Lávelas bajo el chorro del agua fría y séquelas sobre papel de cocina.

2 Corte la guindilla por la mitad, a lo largo, quítele las semillas y píquela fina.

3 Caliente el aceite en una sartén grande de base gruesa o en una cazuela refractaria. Una vez esté bien caliente añádale el ajo y saltéelo unos 30 segundos. Agregue las gambas, la guindilla, el pimentón dulce y una pizca de sal y saltéelas unos 2 o 3 minutos, removiéndolas constantemente, hasta que las gambas adquieran un color rosado y empiecen a curvarse.

4 Sirva las gambas en el mismo recipiente donde las ha preparado, mientras aún chisporrotean. Acompáñelas de rebanadas de pan para mojarlo en el aceite aromático de la cocción.

Vieiras a la sidra

PARA 4-5 PERSONAS

1 litro de sidra seca
4 cucharadas de zumo
  de limón
20 vieiras sin concha
30 g de mantequilla
2 cucharadas de harina
  común
250 g de nata agria
113 g de champiñones
sal y pimienta

1 Precaliente el horno a 110 °C. Vierta la sidra y el zumo de limón en una cazuela grande y plana y salpiméntelos al gusto. Añádales las vieiras y cuézalas a fuego lento 10 minutos, o hasta que estén blandas. Ponga las vieiras en una fuente de horno. Añádales 2 cucharadas de mantequilla, tápelas con papel de aluminio y manténgalas calientes en el horno.

2 Lleve a ebullición el líquido de cocción de las vieiras y deje que hierva hasta que se reduzca a la mitad. Mezcle 2 cucharadas de la mantequilla restante y la harina, chafándolas bien con un tenedor, hasta obtener una pasta. Incorpore la pasta al líquido, batiéndola y echando un poco cada vez, hasta que quede homogénea. Añada la nata agria, removiéndola, y déjela hervir a fuego lento 5 o 10 minutos.

3 Pruebe la salsa y rectifíquela de sal, si fuera necesario. Retire las vieiras del horno, póngalas en la cazuela y caliéntelas durante 2 o 3 minutos.

4 Derrita el resto de la mantequilla en una sartén pequeña. Añada los champiñones y rehóguelos a fuego lento, removiéndolos, durante 2 o 3 minutos; luego, póngalos en la cazuela. Sirva las vieiras y los champiñones calientes.

Vieiras con jamón serrano

PARA 4 PERSONAS

2 cucharadas de zumo
de limón

3 cucharadas de aceite
de oliva

2 dientes de ajo picados
finos

1 cucharada de perejil
fresco picado

12 vieiras sin concha,
preferentemente con
los corales

16 lonchas muy finas
de jamón serrano

pimienta

1 En una fuente que no sea metálica, mezcle el zumo de limón, el aceite de oliva, el ajo y el perejil. Separe los corales de las vieiras, si desea utilizarlos, añada ambos a la fuente y mézclelo todo bien. Tápelo con film transparente y déjelo marinar durante 20 minutos.

2 Precaliente el grill a fuego medio. Escurra las vieiras y reserve la marinada. Enrolle una loncha de jamón y atraviésela con una brocheta metálica, seguida de una vieira y un coral, si los utiliza; acabe siempre con una loncha de jamón. Repita la operación con otras tres brochetas más.

3 Ase las brochetas debajo del grill caliente, rociándolas con la marinada y dándoles la vuelta con frecuencia, 5 minutos, o hasta que las vieiras estén blandas y el jamón, crujiente.

4 Ponga las brochetas en platos para servir y espolvoréelas con pimienta. Rocíelas con una cucharada del jugo de cocción y sírvalas.

Vieiras selladas

PARA 4-6 PERSONAS

4 cucharadas de aceite
    de oliva
3 cucharadas de zumo
    de naranja
2 cucharaditas de aceite
    de avellana
24 vieiras sin concha
hojas para ensalada de
    distintas clases (opcional)
175 g de cabrales u otro
    queso azul, desmenuzado
2 cucharadas de eneldo
    fresco picado
sal y pimienta

1 En un jarrito, mezcle y bata 3 cucharadas de aceite de oliva, el zumo de naranja y el aceite de avellana, y sazónelos al gusto con sal y pimienta.

2 Caliente el aceite de oliva restante en una sartén grande de base gruesa. Añada las vieiras y saltéelas a fuego fuerte durante 1 minuto por cada lado, o hasta que estén doradas.

3 Coloque las vieiras sobre una base de hojas para ensalada o en platos individuales. Esparza por encima el queso y el eneldo, y luego rocíe todo con el aliño. Sírvalas calientes.

Vieiras a la naranja

PARA 6 PERSONAS

harina común,
  para espolvorear
30 vieiras sin concha,
  preferentemente con
  los corales
4 cucharadas de aceite
  de oliva
100 ml de zumo de naranja
  recién exprimido
sal y pimienta
ramitas de perejil fresco,
  para decorar

1 Esparza la harina sobre una fuente plana y reboce en ella las vieiras, unas cuantas cada vez. Sacúdalas para eliminar el exceso de harina.

2 Caliente el aceite de oliva en una sartén grande de base gruesa. Añada las vieiras y fríalas, dándoles una sola vuelta, durante 2 minutos, o hasta que estén blandas. Sazónelas al gusto con sal y pimienta, añádeles el zumo de naranja y fríalas durante 2 minutos más.

3 Coloque las vieiras en platos calientes y sírvalas enseguida, decoradas con las ramitas de perejil.

Vieiras con salsa de azafrán

PARA 8 PERSONAS

160 ml de vino blanco seco
160 ml de caldo de pescado
un buen pellizco de hebras
  de azafrán
900 g de vieiras sin concha y
  preferentemente grandes
3 cucharadas de aceite de
  oliva
1 cebolla pequeña picada fina
2 dientes de ajo picados
  finos
165 g de nata espesa
un chorrito de zumo
  de limón
sal y pimienta
perejil fresco picado, y unas
  ramitas para decorar
pan de barra, para servir

1 Ponga el vino, el caldo de pescado y el azafrán en un cazo y deje que rompa el hervor. Baje el fuego, tape el cazo y déjelo hervir a fuego lento durante 15 minutos.

2 Mientras tanto, quite el músculo duro y blanco de las vieiras que está junto al coral, y separe éste de la vieira. Corte las vieiras en trozos gruesos, verti-

calmente, incluidos los corales. Seque bien las vieiras con papel de cocina y sazónelas al gusto.

3 Caliente el aceite de oliva en una sartén grande de base gruesa. Añada la cebolla y el ajo y fríalos 5 minutos, o hasta que estén blandos y un poco dorados. Añádales las vieiras troceadas y rehóguelas a fuego lento 5 minutos, removiéndolas de vez en cuando, o hasta que se vuelvan opacas. No deben hacerse demasiado, ya que si no quedarán duras y gomosas.

4 Con una espumadera, retire las vieiras de la sartén y póngalas en un plato caliente. Añada

el líquido del azafrán al cazo, deje que rompa el hervor y déjelo hervir hasta que se reduzca a la mitad. Baje el fuego y eche la nata poco a poco, sin dejar de remover. Déjela hervir a fuego lento hasta que la salsa se espese.

5 Vuelva a poner las vieiras en la sartén y rehóguelas a fuego lento durante 1 o 2 minutos, hasta que se calienten. Añádales un chorrito de zumo de limón y sazónelas al gusto con sal y pimienta. Sirva las vieiras calientes, decoradas con las ramitas de perejil y acompañadas de rebanadas de pan para mojarlo en la salsa de azafrán.

Vieiras al horno

PARA 4 PERSONAS

700 g de vieiras sin concha,
  troceadas
2 cebollas picadas finas
2 dientes de ajo picados
  finos
3 cucharadas de perejil
  fresco picado
una pizca de nuez moscada
  recién rallada
una pizca de clavo molido
2 cucharadas de pan
  rallado
2 cucharadas de aceite
  de oliva
sal y pimienta

1 Precaliente el horno a 200 °C.
En un bol, mezcle las vieiras,
las cebollas, el ajo, 2 cucharadas de
perejil, la nuez moscada y el clavo,
y sazone la mezcla al gusto con sal
y pimienta.

2 Reparta la mezcla en 4 conchas de vieira o platos resistentes al calor. Espolvoreéla con
pan rallado y el resto de perejil y
rociela con el aceite de oliva.

3 Ase las vieiras en el horno
precalentado durante 15 o
20 minutos, o hasta que estén
doradas y muy calientes. Sírvalas
enseguida.

Mejillones a la catalana

PARA 4 PERSONAS

- 2 kg de mejillones vivos, limpios y sin barbas
- 5 cucharadas de aceite de oliva
- 2 cebollas picadas
- 2 dientes de ajo picados finos
- 4 tomates grandes pelados, sin semillas (véase página 167) y picados finos
- 1 hoja de laurel
- 1 cucharada de brandy
- ½ cucharadita de pimentón dulce
- sal y pimienta
- pan de barra, para servir

1 Deseche los mejillones que tengan la concha rota o dañada y los que no se cierren al darles unos golpecitos con el dorso de una cuchara.

2 Caliente el aceite de oliva en un cazo grande de base gruesa o en una cazuela refractaria. Añada la cebolla y el ajo y fríalos a fuego lento, removiéndolos de vez en cuando, durante 5 minutos, o hasta que estén blandos. Añádales los tomates y la hoja de laurel y rehóguelos, removiéndolos

de vez en cuando, durante unos 5 minutos más.

3 Añádales el brandy y el pimentón dulce, remuévalo todo y sazónelo al gusto con sal y pimienta. Suba el fuego y añada los mejillones; tape el cazo y déjelos cocer, agitando el recipiente de vez en cuando, durante 5 minutos, o hasta que los mejillones se hayan abierto. Deseche la hoja de laurel y los mejillones que no se hayan

abierto. Ponga los mejillones en una fuente para servir y vierta la salsa por encima. Sírvalos inmediatamente acompañados de pan o bien déjelos enfriar.

Mejillones dorados

PARA 4-6 PERSONAS

500 g de mejillones vivos
unos 180 ml de agua
4 cucharadas de aceite
   de oliva
1 diente de ajo picado fino
2 cucharadas de perejil
   fresco picado
40 g de pan rallado
1 tomate pelado, sin semillas
   (véase página 167) y
   troceado

1 Limpie los mejillones bajo el chorro del agua fría y quíteles las barbas. Deseche los mejillones que tengan la concha rota o que no se cierren al darles unos golpecitos con el dorso de una cuchara.

2 Ponga los mejillones en una olla grande y añada el agua. Deje que rompa el hervor, tape la olla y hiérvalos a fuego fuerte, agitando la olla de vez en cuando, 3 o 5 minutos, o hasta que los mejillones se hayan abierto. Deseche los que permanezcan cerrados.

3 Abra del todo las conchas y tire las mitades vacías. Quite los mejillones de las otras mitades y reserve las conchas. En un bol, mezcle los mejillones, el aceite de oliva, el ajo y el perejil. Tápelos con film transparente y déjelos enfriar durante 30 minutos.

4 Precaliente el horno a 220 °C. En un bol aparte, mezcle el pan rallado y el tomate. Vuelva a colocar los mejillones en las conchas que tenía reservadas y póngalos en una fuente de horno, formando una sola capa. Con una cuchara, rellene los mejillones con la mezcla de pan rallado y tomate y áselos en el horno precalentado durante 5 minutos, o hasta que estén calientes y dorados. Sírvalos enseguida.

Mejillones marinados en guindilla

PARA 6-8 PERSONAS

1 kg de mejillones vivos
1 limón cortado en rodajas
2 dientes de ajo picados
   finos
180 ml de vino blanco
120 ml de aceite de oliva
3 cucharadas de zumo
   de limón
1 cucharada de mostaza
   de Dijon
2 cucharaditas de azúcar
1 guindilla roja fresca sin
   semillas y picada fina
2 cucharadas de perejil
   fresco picado
1 cucharada de alcaparras
   en salmuera escurridas y
   troceadas
sal de grano o hielo picado,
   para servir (opcional)

1 Limpie los mejillones bajo el chorro del agua fría y quíteles las barbas. Deseche los mejillones que tengan la concha rota o que no se cierren al darles unos golpecitos con el dorso de una cuchara.

2 Ponga las rodajas de limón y el ajo en una olla grande de base gruesa, vierta el vino y deje que rompa el hervor. Añada los mejillones, tape la olla y cuézalos a fuego fuerte, agitando el recipiente de vez en cuando, 3 o 5 minutos, o hasta que los mejillones se hayan abierto. Deseche los que permanezcan cerrados.

3 Abra del todo las conchas y tire las mitades vacías. Quite los mejillones de las otras mitades y reserve las conchas. En un bol grande de cristal, mezcle el aceite de oliva, el zumo de limón, la mostaza, el azúcar, la guindilla, el perejil y las alcaparras. Añada los mejillones y mézclelos bien con el resto de ingredientes. Tápelos con film transparente y déjelos marinar en la nevera 24 horas.

4 Para servirlos, vuelva a colocar los mejillones en las conchas que tenía reservadas y dispóngalas sobre una base de sal de grano o hielo picado en una fuente. Rocíelos con la marinada y sírvalos.

Mejillones con mantequilla de ajo

PARA 8 PERSONAS

800 g de mejillones vivos
    en su concha
un chorrito de vino blanco
    seco
1 hoja de laurel
85 g de mantequilla
350 g de pan rallado
4 cucharadas de perejil
    fresco picado, y más
    ramitas para decorar
2 cucharadas de cebollinos
    frescos cortados
2 dientes de ajo picados
    finos
sal y pimienta
trozos de limón, para servir

1 Limpie bien los mejillones, raspando la concha, y quíteles las barbas. Deseche los que tengan la concha rota o que no se cierren al darles unos golpecitos con el dorso de una cuchara. Ponga los mejillones en un escurridor y láveros bien bajo el chorro del agua fría.

2 Ponga los mejillones en un cazo grande y añádales un chorrito de vino blanco y el laurel. Cuézalos a fuego fuerte, tapados, 5 minutos, agitando el cazo de vez en cuando, o hasta que se hayan abierto. Escúrralos y deseche los que permanezcan cerrados.

3 Abra del todo las conchas y reserve las mitades con los mejillones. Disponga los mejilloes en su concha en una fuente de horno para servir grande y plana.

4 Derrita la mantequilla y viértala en un bol. Añádale el pan rallado, el perejil, los cebollinos y el ajo, sazónelos al gusto y mézclelo todo bien. Déjelo reposar hasta que la mantequilla se haya solidificado ligeramente. Utilizando los dedos o dos cucharillas, coja un buen pellico de la mezcla de mantequilla y hierbas y rellene cada concha de mejillón con ella, presionándola bien. Deje reposar los mejillones hasta el momento de servirlos.

5 Para servirlos, precaliente el horno a 230 °C. Ase los mejillones en el horno precalentado durante 10 minutos, o hasta que estén calientes. Sírvalos inmediatamente, decorados con ramitas de perejil y acompañados de trozos de limón para exprimirlos por encima.

Mejillones fritos con aliño de guindilla

PARA 6-8 PERSONAS

4 cucharadas de aceite
de oliva
2 cucharadas de vinagre
de vino blanco
1 cucharada de perejil
fresco picado
1 o 2 guindillas rojas frescas,
sin semillas y picadas finas
1 guindilla verde fresca, sin
semillas y picada fina
½ cucharadita de azúcar
1 kg de mejillones vivos
unos 180 ml de agua
33 g de polenta instantánea
aceite vegetal, para freír

1 En un bol, mezcle el aceite de oliva, el vinagre, el perejil, las guindillas y el azúcar. Tápelo con film transparente y déjelo reposar hasta el momento de servir.

2 Limpie los mejillones bajo el chorro del agua fría y quíteles las barbas. Deseche los que tengan la concha rota o los que no se cierren al darles unos golpecitos con el dorso de una cuchara.

3 Ponga los mejillones en una olla grande y añádales el agua. Deje que el agua rompa el hervor y cuézalos a fuego fuerte, agitando la olla de vez en cuando, durante 3 o 5 minutos, o hasta que los mejillones se hayan abierto. Deseche los que permanezcan cerrados.

4 Quite los mejillones de las conchas y tírelas. Extienda la polenta sobre un plato plano. Reboce en ella los mejillones, por tandas, y sacúdalos para eliminar el exceso de rebozado.

5 Caliente abundante aceite vegetal en la freidora o en una sartén grande a 180 o 190 °C, o hasta que un trozo de pan se dore en 30 segundos. Fría los mejillones por tandas unos minutos, hasta que estén dorados. Escúrralos sobre papel de cocina y sírvalos calientes con el aliño.

Mejillones con salsa de pimiento amarillo

PARA 4-6 PERSONAS

½ pepino pelado y cortado
   por la mitad, a lo largo
2 cebollas picadas
2 cucharadas de perejil
   fresco picado
1 pimiento amarillo sin semillas
   y troceado
1 guindilla roja fresca,
   sin semillas y picada
160 ml de vino blanco seco
2 cucharadas de aceite
   de oliva
1 cucharada de zumo
   de limón
500 g de mejillones vivos
sal y pimienta

1 Con una cucharilla, quítele las semillas al pepino y luego trocéelo fino. En un bol de cristal, mezcle el pepino, la mitad de la cebolla, la mitad del perejil, el pimiento amarillo y la guindilla, y sazónelos al gusto con sal y pimienta. Añada, batiendo, 2 cucharadas de vino, el aceite de oliva y el zumo de limón. Tape la mezcla con film transparente y déjela reposar a temperatura ambiente durante 30 minutos.

2 Limpie los mejillones bajo el chorro del agua fría y quíteles las barbas. Deseche los que tengan la concha rota o los que no se cierren al darles unos golpecitos con el dorso de una cuchara.

3 Vierta el resto del vino en una olla grande de base gruesa y añada el resto de la cebolla y el perejil. Deje que rompa el hervor y añada los mejillones. Tape la olla y hiérvalos a fuego fuerte, agitando la olla de vez en cuando, durante 3 o 5 minutos, o hasta que los mejillones se hayan abierto. Deseche los que permanezcan cerrados.

4 Deseche también las medias conchas vacías. Coloque los mejillones en su concha en platos para servir. Rocíelos con la salsa y sírvalos.

Almejas a la plancha

PARA 4-6 PERSONAS

500 g de almejas finas
frescas u otro tipo de
almeja de tamaño mediano
aceite de oliva, para pintar
y rociar
trozos de limón, para decorar

1 Limpie las almejas bajo el chorro del agua fría. Deseche las que tengan la concha rota o las que no se cierren al darles unos golpecitos con el dorso de una cuchara.

2 Caliente la plancha a fuego fuerte y píntela con aceite de oliva. Añada las almejas, formando una sola capa. Cuando se hayan abierto, deles la vuelta, de modo que el lado de la carne quede boca abajo, y cuézalas 2 minutos.

3 Vuelva a dar la vuelta a las almejas y rocíalas con un poco más de aceite. Póngalas en una fuente para servir y écheles por encima el jugo de la cocción. Decórelas con trozos de limón y sírvalas inmediatamente.

Almejas con habas

PARA 4-6 PERSONAS

4 filetes de anchoa
    conservados en aceite,
    escurridos
1 cucharadita de alcaparras
    saladas
3 cucharadas de aceite
    de oliva
1 cucharada de vinagre
    de jerez
1 cucharadita de mostaza
    de Dijon
500 g de almejas frescas
    unos 100 ml de agua
500 g de habas, peladas
    si son frescas
2 cucharadas de hierbas
    frescas mezcladas, como
    perejil, cebollino y menta
sal y pimienta

1 Ponga las anchoas en un bol pequeño, cúbralas con agua y déjelas en remojo 5 minutos. Escúrralas bien, séquelas con papel de cocina y póngalas en un mortero. Quíteles la sal a las alcaparras, añádalas al mortero y macháquelo todo hasta obtener una pasta.

2 En un bol aparte, mezcle y bata el aceite de oliva, el vinagre y la mostaza; luego, añada la pasta de anchoa, sin dejar de batir, y salpiméntelo todo al gusto. Tápelo con film transparente y déjelo reposar a temperatura ambiente hasta el momento de servir.

3 Limpie las almejas bajo el chorro del agua fría. Deseche las que tengan la concha rota o las que no se cierren al darles unos golpecitos con el dorso de una cuchara. Ponga las almejas en un cazo grande de base gruesa y añádales el agua. Tape el cazo y deje que el agua rompa el hervor a fuego fuerte. Cueza las almejas, agitando el cazo de vez en cuando, durante 3 o 5 minutos, o hasta que se hayan abierto. Deseche las que permanezcan cerradas.

4 Mientras tanto, en un cazo grande ponga a hervir agua con un poco de sal. Cuando rompa el hervor, añada las habas, deje que el agua vuelva a hervir y blanquee las habas 5 minutos. Escúrralas, páselas bajo el chorro del agua fría y vuelva a escurrirlas bien. Pélelas y póngalas en un bol.

5 Escurra las almejas y sáquelas de sus conchas. Añádalas a las habas y espolvoréelas con las hierbas. Agregue la vinagreta de anchoa y mézclelo todo. Sírvalas calientes.

Almejas con salsa de tomate y ajo

PARA 6-8 PERSONAS

2 huevos duros pelados
y cortados por la mitad,
a lo largo

3 cucharadas de aceite
de oliva

1 cebolla española picada

2 dientes de ajos picados
finos

700 g de tomates pelados
y cortados en dados

40 g de pan rallado

1 kg de almejas frescas

135 ml de vino blanco seco

2 cucharadas de perejil
fresco picado

sal y pimienta

trozos de limón, para decorar

1 Con una cucharilla, quíteles la yema a los huevos y páselas por un colador fino, colocado sobre un bol. Pique las claras y resérvelas.

2 Caliente el aceite de oliva en una sartén grande de base gruesa. Añada la cebolla y fríala a fuego lento, removiéndola de vez en cuando, durante 5 minutos, o hasta que esté blanda. Añada el ajo y fríalo durante 3 minutos. Luego añada los tomates, el pan rallado y las yemas de huevo y sazone la mezcla al gusto con sal y pimienta. Rehóguela, removiéndola de vez en cuando y chafándola con una cuchara de madera, 10 o 15 minutos, o hasta que esté espesa.

3 Mientras tanto, limpie las almejas bajo el chorro del agua fría. Deseche las que tengan la concha rota o las que no se cierren al golpearlas ligeramente con el dorso de una cuchara.

4 Ponga las almejas en un cazo grande de base gruesa. Añádales el vino y deje que rompa el hervor. Tape el cazo y cueza las almejas a fuego fuerte, agitando el recipiente de vez en cuando, durante 3 o 5 minutos, o hasta que las almejas se hayan abierto. Deseche las que permanezcan cerradas.

5 Con una espumadera, ponga las almejas en boles para servir calientes. Escurra el líquido de la cocción, añádalo a la salsa

de tomate, mézclelo todo bien y échelo sobre las almejas. Espolvoréelas con las claras de huevo picadas y el perejil y sírvalas enseguida, decoradas con trozos de limón.

Ostras al vinagre de jerez

PARA 4 PERSONAS
1 chalote picado fino
3 cucharadas de vinagre
   de jerez
3 cucharadas de vinagre
   de vino tinto
1 cucharada de azúcar
24 ostras frescas
sal de grano o hielo picado,
   para servir (opcional)
pimienta

1 En un bol de cristal, mezcle el chalote, los vinagres y el azúcar, y sazónelo todo con bastante pimienta. Tápelo con film transparente y déjelo reposar a temperatura ambiente durante al menos 15 minutos, de modo que los sabores se mezclen bien.

2 Mientras tanto, abra las ostras. Envuélvase la mano con un paño de cocina para protegerla y sujete una ostra con firmeza. Meta el cuchillo para ostras, u otro que sea resistente, en el interior de la ostra y gírelo para abrir la concha. Aún sujetando la ostra con la mano envuelta en el trapo, deslice la hoja del cuchillo a lo largo de la concha superior para cortarle el músculo. Despegue la concha superior procurando no derramar el líquido del interior. Deslice la hoja del cuchillo a lo largo de la concha inferior, por debajo de la ostra, para cortarle el segundo músculo. Disponga las ostras sobre sus conchas, formando una sola capa, sobre una base de sal de grano o hielo picado, si lo desea.

3 Rocíe las ostras con el aliño y sírvalas a temperatura ambiente.

Buñuelos de ostras

PARA 6 PERSONAS

50 g de harina común
una pizca de sal
una pizca de azúcar
60 ml de agua
2 cucharaditas de aceite
   vegetal, más una buena
   cantidad para freír
1 clara de huevo
36 ostras frescas abiertas
   (véase página 194)
trozos de limón, para decorar

1 En un bol, tamice la harina, la sal y el azúcar. Añada el agua y el aceite vegetal hasta obtener una pasta homogénea.

2 Caliente abundante aceite en la freidora o en una sartén grande a 180 o 190 °C, o hasta que un trozo de pan se dore en 30 segundos.

3 Mientras tanto, en un bol limpio, bata la clara de huevo a punto de nieve y luego incorpórela poco a poco a la mezcla de harina.

4 Trabajando por tandas, reboce las ostras en la pasta y luego déjelas caer en el aceite caliente.

Fríalas durante 3 o 4 minutos, o hasta que estén crujientes y doradas. Con una espumadera, retírelas de la freidora o la sartén y escúrralas sobre papel de cocina. Manténgalas calientes mientras acaba de freír el resto, y luego sírvalas decoradas con trozos de limón.

Carne y aves

España presenta niveles destacados en cuanto a la producción de carne, siendo el cerdo y el pollo sus dos productos más importantes. Por ello, las recetas de este capítulo se basan principalmente en la deliciosa carne de estos dos animales. También encontrará un par de sugerencias para preparar las albóndigas, plato característico de la cocina española desde al menos el siglo XIII.

Muchos de estos platos también pueden elaborarse con otros ingredientes alternativos: pruebe a utilizar pavo, cerdo o conejo en vez de pollo para la receta de la página 223, o sustituya los hígados de pollo (*véase* página 224) por riñones de cordero o ternera.

Los dátiles rellenos fritos (*véase* página 214) constituyen una de las tapas de nuevo estilo más representativas creadas recientemente por la gastronomía española.

Minibrochetas de cerdo

PARA 12 MINIBROCHETAS

430 g de cerdo magro
y deshuesado

3 cucharadas de aceite de
oliva, y un poco más para
untar (opcional)

la ralladura y el zumo
de 1 limón grande

2 dientes de ajo
machacados

2 cucharadas de perejil
fresco picado, y un poco
más para decorar

1 cucharada de la mezcla
de especias Ras El Hanout

sal y pimienta

1 Hay que marinar las brochetas la noche anterior, así que acuérdese de prepararlas con antelación para tenerlas a punto cuando las necesite. Corte el cerdo en cuadrados de unos 2 cm y póngalos en una fuente plana y que no sea metálica, capaz de albergar los trozos de carne formando una sola capa.

2 Para preparar la marinada, ponga todos los ingredientes restantes en un bol y mézclelos. Vierta la marinada por encima de la carne y mézclelo todo bien. Tape la fuente y deje marinar la carne en la nevera durante 8 horas o toda la noche, removiéndola 2 o 3 veces.

3 Para asar la carne, puede utilizar brochetas metálicas o de madera de unos 15 cm de longitud, aproximadamente. Si emplea brochetas de madera, déjelas en remojo en agua fría durante 30 minutos antes de usarlas. Esto ayudará a evitar que se quemen y que la comida se

pegue a ellas mientras se está asando. Las brochetas metálicas sólo deben untarse con aceite o mantequilla, y es recomendable que sean planas en vez de redondas para evitar que la carne se deslice.

4 Precaliente la parrilla, la plancha o el grill. Atraviese 3 trozos de cerdo marinado en la brocheta, dejando un poco de espacio entre ellos. Ase las brochetas durante 10 o 15 minutos, o hasta que estén tiernas y un poco chamuscadas. Durante el asado, deles la vuelta varias veces y rocíelas con la marinada. Sirva las brochetas de cerdo muy calientes, decoradas con perejil.

Brochetas de cordero con limón

PARA 8 PERSONAS

2 dientes de ajo picados
finos

1 cebolla española picada
fina

2 cucharaditas de
ralladura fina de limón

2 cucharadas de zumo
de limón

1 cucharadita de hojas
de tomillo fresco

1 cucharadita de cilantro
molido

1 cucharadita de comino
molido

2 cucharadas de vinagre
de vino tinto

120 ml de aceite de oliva

1 kg de solomillo de cordero,
cortado en cuadrados
de 2 cm

trozos de naranja o limón,
para decorar

1 En una fuente grande, plana y que no sea metálica, mezcle el ajo, la cebolla, la ralladura y el zumo de limón, el tomillo, el cilantro, el comino, el vinagre y el aceite, y mézclelo todo muy bien.

2 Reparta los trozos de cordero en 16 brochetas de madera y añádalas a la fuente, de manera que queden bien cubiertas por la marinada. Tape las brochetas con film transparente y déjelas marinar

en la nevera durante 2 u 8 horas, dándoles la vuelta de vez en cuando.

3 Precaliente la parrilla a fuego medio. Escurra las brochetas y reserve la marinada. Áselas durante 10 minutos, o hasta que la carne esté tierna y a su gusto, dándoles la vuelta con frecuencia y pintándolas con la marinada si observa que la carne está seca. Sírvalas inmediatamente decoradas con trozos de naranja.

SUGERENCIA: Estos pinchos se asan fácilmente en una plancha o parrilla. Ponga unas cuantas ramitas de romero fresco en las brasas para darles un sabor y aroma extras

Minialbóndigas con salsa de tomate

**PARA UNAS 60
MINIALBÓNDIGAS**

aceite de oliva

1 cebolla morada picada
muy fina

300 g de carne de cordero
picada

1 huevo grande batido

2 cucharaditas de zumo
de limón recién exprimido

½ cucharadita de comino
molido

una pizca de cayena molida,
al gusto

2 cucharadas de menta
fresca picada muy fina

sal y pimienta

300 ml de salsa de tomate
y pimiento rojo (véase
página 7), para servir

1 Caliente 1 cucharada de aceite
de oliva en una sartén a fuego
medio. Añada la cebolla y fríala
durante 5 minutos, removiéndola
de vez en cuando, hasta que esté
blanda, pero no dorada.

2 Retire la sartén del fuego y
déjela enfriar. En un bol
grande, ponga la cebolla, la carne,
el huevo, el zumo de limón,
el comino, la cayena, la menta
y sal y pimienta al gusto. Con las
manos, mezcle bien todos los
ingredientes. Fría un trocito de la
mezcla y pruébelo para ver si hay
que rectificar los condimentos.

3 Con las manos humedecidas,
haga bolas de unos 2 cm con
la mezcla. Póngalas en una bandeja
y déjelas reposar unos 25 minutos.

4 Caliente un poco de aceite de
oliva en 1 o 2 sartenes grandes
(la cantidad exacta de aceite depen-
derá de la grasa que tenga la carne
de cordero). Disponga las albóndigas en la sartén, formando una
sola capa, sin llenarla demasiado,
y fríalas a fuego medio durante
5 minutos, hasta que estén doradas
por fuera y un poco rosadas por
dentro. Fríalas por tandas, si fuera
necesario. Mantenga las albóndigas
calientes mientras acaba de freír
el resto.

5 Vuelva a calentar la salsa de
tomate y pimiento rojo a fuego
lento y sírvala con las albóndigas,
para mojarlas en ella. Lo mejor
es servirlas calientes con la salsa
recalentada, pero también están
deliciosas a temperatura ambiente.

Minialbóndigas con salsa de almendras

PARA 6-8 PERSONAS

55 g de pan blanco o
moreno sin corteza

3 cucharadas de agua

450 g carne magra picada
de cerdo, buey o cordero

1 cebolla grande picada fina

1 diente de ajo machacado

2 cucharadas de perejil
fresco picado, y un poco
más para decorar

1 huevo batido

nuez moscada recién
rallada

harina común, para rebozar

2 cucharadas de aceite
de oliva

zumo de limón exprimido,
al gusto

sal y pimienta

pan de barra, para servir

SALSA DE ALMENDRAS

2 cucharadas de aceite
de oliva

25 g de pan blanco o moreno

115 g de almendras
blanqueadas

2 dientes de ajo picados
finos

160 ml de vino blanco seco

440 ml de caldo de
verduras

sal y pimienta

1 Para preparar las albóndigas, ponga el pan en un bol, añádale el agua y déjelo en remojo durante 5 minutos. Con las manos, escurra el agua y vuelva a poner el pan en el bol seco. Añada la carne, la cebolla, el ajo, el perejil y el huevo y sazónelo todo con nuez moscada rallada y un poco de sal y pimienta. Amase bien los ingredientes hasta obtener una mezcla homogénea.

2 Extienda un poco de harina en un plato. Con las manos enharinadas, forme 30 bolas del mismo tamaño con la mezcla de carne, y luego pase las albóndigas por la harina.

3 Caliente el aceite de oliva en una sartén grande de base gruesa. Añada las albóndigas, por tandas, y fríalas 4 o 5 minutos, o hasta que estén bien doradas. Con una espumadera, retírelas de la sartén y resérvelas.

4 Para hacer la salsa, caliente el aceite de oliva en la misma sartén en la que ha freído las albóndigas. Parta el pan en trozos, añádalos a la sartén, con las almendras, y rehóguelos a fuego lento, removiéndolos con frecuencia, hasta que todo esté dorado. Añada el ajo y fríalo durante 30 segundos; luego, vierta el vino y déjelo cocer durante

1 o 2 minutos. Sazone la mezcla al gusto con sal y pimienta y déjela enfriar un poco.

5 Ponga la mezcla de almendras en un robot de cocina. Vierta el caldo de verduras y tritúrelo todo hasta obtener una salsa homogénea. Viértala de nuevo en la sartén.

6 Añada las albóndigas a la salsa de almendras con cuidado, y déjelas cocer a fuego lento durante 25 minutos, o hasta que estén tiernas. Pruebe la salsa y sazónela con sal y pimienta, si fuera necesario.

7 Ponga las albóndigas y la salsa en un plato para servir caliente, añádales el zumo de limón exprimido al gusto y espolvoréelas con perejil picado para decorar. Sírvalas muy calientes con pan de barra para mojarlo en la salsa de almendras.

Bocados de carne con salsa de guindilla

PARA 4-6 PERSONAS

2 cucharadas de aceite
de oliva

1 cebolla picada

1 cucharadita de pimentón
dulce

1 diente de ajo picado fino

1 guindilla roja fresca, sin
semillas y cortada

400 g de tomates en
conserva troceados

2 cucharadas de vino
blanco seco

1 cucharada de concentrado
de tomate

1 cucharada de vinagre
de jerez

2 cucharaditas de azúcar

2 redondos de ternera o
buey de unos 175 o 225 g
cada uno

2 cucharaditas de tabasco

1 cucharada de perejil
fresco picado

sal y pimienta

1 Caliente la mitad del aceite de oliva en una cacerola de base gruesa. Añada la cebolla y fríala a fuego lento, removiéndola de vez en cuando, durante 5 minutos, o hasta que esté blanda. Añada el pimentón dulce, el ajo y la guindilla y fríalos durante 2 o 3 minutos. Luego añada los tomates con su jugo, el vino, el concentrado de tomate, el vinagre y el azúcar y mézclelo todo. Cuézalo a fuego lento 15 o 20 minutos, o hasta que la salsa se haya espesado.

2 Mientras tanto, caliente una sartén de base gruesa o una plancha a fuego fuerte y píntela con el aceite de oliva restante.

Sazone los redondos de carne al gusto con pimienta, úntelos con el tabasco y luego añádalos a la sartén o plancha. Áselos durante 1 o 2 minutos por cada lado, o hasta que estén dorados. Baje el fuego y áselos, dándoles la vuelta una sola vez, durante 3 minutos si los quiere poco hechos, 4 o 5 minutos si los desea al punto, o entre 5 y 7 minutos si los prefiere muy hechos. Retírelos del fuego y manténgalos calientes.

3 Vierta la salsa en un robot de cocina o en una licuadora y tritúrela hasta que quede homogénea. Viértala en un bol para servir, sazónela al gusto con sal y pimienta, añádale el perejil y mézclelo todo.

4 Ponga los redondos encima de una tabla y córtelos en daditos. Pinche cada dado con un palillo, colóquelos en platos y sírvalos inmediatamente con la salsa.

Surtido de tapas con ternera

PARA 8-10 PERSONAS

200 g de patatas rojas
pequeñas sin pelar

3 cucharadas de aceite
de oliva

2 solomillos de unos 225 g
cada uno

1 guindilla roja fresca,
sin semillas y picada fina
(opcional)

350 g de queso del Montsec,
u otro tipo de queso de
cabra, cortado en lonchas

175 g de hojas para ensalada
de distintas clases

2 cucharadas de aceitunas
negras

2 cucharadas de aceitunas
verdes

35 g de anchoas conservadas
en aceite, escurridas
y cortadas por la mitad,
a lo largo

1 cucharada de alcaparras
lavadas y escurridas

sal y pimienta

1 En un cazo, ponga a hervir agua con un poco de sal y cueza las patatas durante 15 o 20 minutos, o hasta que estén tiernas. Escúrralas y déjelas enfriar un poco.

2 Caliente una sartén de base gruesa o una plancha a fuego fuerte y úntela con una cucharada de aceite de oliva. Sazone los solomillos al gusto con pimienta y añádalos a la sartén o plancha. Áselos durante 1 o 1^1/2 minutos por cada lado, o hasta que estén dorados. Baje el fuego a temperatura media y áselos 1^1/2 minutos por cada lado. Retírelos del fuego y déjelos reposar durante 10 o 15 minutos.

3 Caliente 2 cucharadas del aceite restante en una sartén. Añada la guindilla, si desea utilizarla, y las patatas y fríalas, dándoles la vuelta con frecuencia, durante 10 minutos, o hasta que estén crujientes y doradas.

4 Corte los solomillos en trozos finos y dispóngalos alrededor de la fuente, alternándolos con las lonchas de queso. Mezcle las hojas para ensalada, las aceitunas, las anchoas y las alcaparras y coloque la mezcla en el centro de la fuente. Rocíelo todo con el aceite restante y corone la fuente con las patatas. Sirva el plato caliente o a temperatura ambiente.

Brochetas de ternera con ajo y naranja

PARA 6-8 PERSONAS

3 cucharadas de vino blanco

2 cucharadas de aceite de oliva

3 dientes de ajo picados finos

el zumo de 1 naranja

450 g de redondo de ternera cortado en dados

450 g de cebolletas cortadas por la mitad

2 pimientos amarillos sin semillas y cortados en cuadrados

225 g de tomates cereza cortados por la mitad

sal y pimienta

1 En una fuente plana que no sea metálica, mezcle el vino, el aceite de oliva, el ajo y el zumo de naranja. Añada los dados de carne, sazónelos al gusto con sal y pimienta y mézclelo todo. Tápelo con film transparente y déjelo marinar en la nevera de 2 a 8 horas.

2 Precaliente la parrilla a fuego fuerte. Escurra la carne y reserve la marinada. Forme las brochetas alternando la carne, las cebolletas, los pimientos y los tomates.

3 Ase las brochetas en la parrilla caliente, dándoles la vuelta y pintándolas con frecuencia con la marinada, durante 10 minutos, o hasta que estén hechas. Coloque las brochetas en platos y sírvalas inmediatamente.

Jamón serrano con rúcula

PARA 6 PERSONAS

140 g de rúcula separada
en hojas
4½ cucharadas de aceite
de oliva
1½ cucharadas de zumo
de naranja
280 g de jamón serrano
cortado en lonchas finas
sal y pimienta

SUGERENCIA: El jamón
ideal para preparar esta
receta es el de Jabugo,
en la provincia de Huelva.
Su sabor dulzón contrasta
maravillosamente con el
toque amargo de la rúcula.

1 Ponga la rúcula en un bol y
vierta por encima el aceite de
oliva y el zumo de naranja. Sazónelo todo al gusto con sal y pimienta
y mézclelo bien.

2 Disponga las lonchas de
jamón en platos individuales,
doblándolas de modo decorativo.
Reparta la rúcula entre los distintos platos y sírvalos enseguida.

Pastitas de jamón y queso

PARA 6 PERSONAS

6 lonchas de jamón serrano
tabasco, para pintar
200 g de queso Majorero,
manchego o de cabra
6 láminas de pasta filo
de unos 46 × 28 cm
3-4 cucharadas de aceite
de oliva

SUGERENCIA: La pasta filo
no es un ingrediente típico
de España, de manera que
si lo desea puede utilizar
la ouarka, una pasta similar
procedente del norte de
África que se puede encontrar en las regiones del sur.

1 Precaliente el horno a 200°C.
Extienda el jamón y píntelo con
tabasco al gusto. Corte el queso en
6 trozos. Envuelva cada trozo de
queso con una loncha de jamón.

2 Trabaje con una lámina de
pasta cada vez y tape el resto
con un paño de cocina limpio y
húmedo. Pinte la lámina con un
poco de aceite de oliva y dóblela
por la mitad. Coloque un trozo de
queso envuelto en jamón en el centro, vuelva a pintar la pasta con
aceite y vuelva a doblarla, cerrándo-
la completamente. Póngala encima
de una bandeja de horno, con el
lado de la abertura hacia abajo, y
pinte la parte superior con un poco
de aceite. Repita el proceso con

el resto de las láminas, del jamón
y del queso.

3 Hornee las pastitas de jamón
y queso en el horno precalentado durante 15 minutos, o hasta
que estén doradas y crujientes.
Sírvalas inmediatamente o déjelas
que se enfríen un poco y sírvalas
templadas.

Buñuelos de jamón y almendras

PARA 4-6 PERSONAS

70 g de harina común
160 ml de agua
35 g de mantequilla
2 huevos
35 g de almendras fileteadas
115 g de jamón troceado
aceite vegetal
sal y pimienta

1 Tamice la harina con una pizca de sal y pimienta sobre una hoja de papel parafinado. Ponga a hervir el agua en un cazo hondo. Añada la mantequilla y, en cuanto se haya derretido, retire el cazo del fuego. Incorpore la harina y bátalo todo con una cuchara de madera hasta que la mezcla se despegue de las paredes del cazo.

2 Añada los huevos de uno en uno, sin dejar de batir, y siga haciéndolo hasta que la mezcla quede brillante. Incorpore las almendras fileteadas y el jamón y deje enfriar la mezcla.

3 Caliente abundante aceite vegetal en una freidora o en una sartén de base gruesa a 180 o 190°C, o hasta que un trozo de pan se dore en 30 segundos.

4 Con un par de cucharas, forme bolitas con la mezcla y fríalas por tandas en el aceite caliente durante 3 o 4 minutos, o hasta que estén crujientes y doradas. Retire los buñuelos del fuego con la ayuda de una espumadera y déjelos escurrir sobre papel de cocina. Sírvalos calientes.

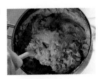

Pinchos de chorizo y champiñones

PARA 25 PINCHOS

2 cucharadas de aceite
de oliva

25 trozos de chorizo (unos
100 g en total de 1 cm
de grosor

25 champiñones limpios
y sin tallo

1 pimiento verde asado,
pelado y cortado en
25 cuadraditos

1 Caliente el aceite de oliva en una sartén a fuego medio. Añada el chorizo y fríalo durante 20 segundos, removiéndolo.

2 Añada los champiñones y fríalos durante 1 o 2 minutos, o hasta que empiecen a dorarse y absorban la grasa de la sartén.

3 Pinche un trozo de pimiento verde, un trozo de chorizo y un champiñón en un palillo de madera. Repita el proceso con el resto de ingredientes. Sirva los pinchos calientes o a temperatura ambiente.

Dátiles rellenos fritos

PARA 6 PERSONAS

100 g de chorizo cortado
en lonchas
12 dátiles frescos
6 tiras de bacón sin la
corteza
2 cucharadas de harina
común, para espolvorear
1 huevo ligeramente batido
50 g de pan rallado
aceite vegetal

1 Quite la piel al chorizo y corte cada loncha en 4 trozos.

2 Con un cuchillo afilado, haga un corte en los lados de los dátiles y sáqueles el hueso. Introduzca un trozo de chorizo en cada hueco. Extienda las tiras de bacón y córtelas por la mitad, a lo ancho. A continuación, envuelva cada dátil con un trozo de bacón.

3 Ponga la harina, el huevo y el pan rallado en platos separados. Reboce los dátiles en harina, páselos por el huevo y, al final, por el pan rallado. Caliente abundante aceite vegetal en una freidora o en una sartén de base gruesa a 180 o 190°C, o hasta que un trozo de pan se dore en 30 segundos.

4 Fría los dátiles rellenos, por tandas si fuera necesario y dándoles la vuelta de vez en cuando, durante 3 o 4 minutos, o hasta que estén dorados. Con la ayuda de una espumadera, sáquelos de

la freidora y déjelos escurrir bien sobre papel de cocina. Sírvalos calientes.

Empanadillas de chorizo

PARA 12 EMPANADILLAS

125 g de chorizo sin piel
en un único trozo
250 g de pasta de hojaldre
preparada o descongelada
harina común,
para espolvorear
1 huevo batido, para glasear

PARA DECORAR

pimentón dulce
ramitas de albahaca fresca

1 Precaliente el horno a 200°C. Corte el chorizo en dados pequeños de 1 cm. Enharine la superficie de trabajo y estire en ella la pasta de hojaldre hasta que quede bien fina. Con un cortapastas redondo de 8 cm de diámetro, forme círculos. Reúna los trozos sobrantes, vuelva a estirar la pasta y corte más círculos hasta obtener un total de 12.

2 Ponga tres o cuatro dados de chorizo sobre cada círculo de pasta. Humedezca los bordes con un poco de agua y doble los círculos por la mitad, formando una media luna. Presione los bordes con los dedos. Con un tenedor,

chafe los bordes para decorarlos y cerrar mejor las empanadillas. Con la punta de un cuchillo afilado, haga un corte pequeño en el lateral de cada empanadilla. Llegados a este punto, puede guardarlas en la nevera hasta el momento de hornearlas.

3 Ponga las empanadillas en una o varias bandejas de horno y

pintelas con un poco de huevo batido para glasearlas. Horneélas en el horno precalentado durante 10 o 15 minutos, o hasta que estén doradas y se hayan inflado. Con un colador pequeño, espolvoree la parte superior de cada empanadilla con un poco de pimentón dulce y decore el plato con ramitas de albahaca. Sirva las empanadillas calientes o templadas.

Chorizo con huevos de codorniz

PARA 12 TOSTADAS

12 rebanadas de pan de
  barra de unos 5 mm
  de grosor
40 g de chorizo curado
  cortado en 12 lonchas
  finas
aceite de oliva
12 huevos de codorniz
pimentón suave
sal y pimienta
perejil fresco, para decorar

1 Precaliente el grill a fuego
fuerte. Disponga las rebanadas
de pan sobre una bandeja de horno
y tuéstelas por ambos lados.

2 Corte o doble las lonchas
de chorizo de modo que se
ajusten al tamaño de las tostadas.
Resérvelas.

3 Caliente un poco de aceite de
oliva en una sartén a fuego
medio hasta que un trozo de pan
chisporrotee (alrededor de unos
40 segundos). Rompa los huevos,
échelos a la sartén y fríalos, rocian-
do las yemas con el aceite, hasta
que las claras estén cuajadas y las
yemas, cocidas a su gusto.

4 Saque los huevos fritos de la
sartén y déjelos escurrir sobre
papel de cocina. Colóquelos inmediatamente encima de las tostadas
con el chorizo y espolvoréelos con
el pimentón. Sazónelos al gusto
con sal y pimienta, decore el plato
con perejil y sírvalo enseguida.

Chorizo al vino tinto

PARA 6 PERSONAS

1 chorizo de unos 200 g
200 ml de vino tinto
2 cucharadas de brandy
  (opcional)
ramitas de perejil fresco,
  para decorar
pan de barra, para servir

1 Antes de empezar, tenga en cuenta que este plato queda mucho mejor si se prepara el día anterior. Pinche el chorizo con un tenedor por varios puntos, póngalo en una cazuela grande y vierta el vino por encima. Deje que éste rompa el hervor, baje el fuego y cueza el chorizo lentamente, tapado, 15 o 20 minutos. Páselo todo a un bol o un plato, tápelo y déjelo marinar durante 8 horas o toda la noche.

2 Al día siguiente, saque el chorizo del bol o el plato y reserve el vino. Quite la piel al chorizo y córtelo en trozos de unos 5 mm de grosor. Colóquelos en una sartén grande de base gruesa o en una fuente para servir refractaria.

3 Si desea añadir el brandy, viértalo en un cazo pequeño y caliéntelo a fuego lento. Vierta el brandy por encima de los trozos de chorizo, apártese un poco de la sartén o fuente y flaméelo. Cuando las llamas se hayan apagado, agite suavemente la sartén o fuente y añada el vino que tenía reservado. Cuézalo todo a fuego fuerte hasta que el vino se haya evaporado casi por completo.

4 Sirva el chorizo muy caliente en la fuente en lo que lo haya cocido (si ha usado una sartén, páselo a una cazuela de barro) y espolvoréelo con perejil para decorar. Acompáñelo con trozos o rebanadas de pan para mojar en la salsa y con palillos para pinchar los trozos de chorizo.

Chorizo frito a las hierbas

PARA 6-8 PERSONAS

- 1 chorizo de 700 g aproximadamente
- 2 cucharadas de aceite de oliva
- 2 dientes de ajo picados finos
- 4 cucharadas de varias hierbas frescas, picadas y mezcladas

1 Corte el chorizo en rodajas de 5 mm de grosor con un cuchillo afilado. Caliente una sartén grande de base gruesa. Ponga las rodajas de chorizo en la sartén, sin añadirles aceite ni ningún tipo de grasa adicional, y áselas a fuego medio, removiéndolas con frecuencia,

durante 5 minutos, o hasta que estén crujientes y doradas.

2 Retire las rodajas de chorizo del fuego con una espátula

o una espumadera y déjelas escurrir sobre papel de cocina. Retire la grasa de la sartén y límpiela con papel de cocina.

3 Caliente el aceite de oliva en la sartén a fuego medio-lento. Añada el chorizo, el ajo y las hierbas y fríalos, removiéndolos de vez en cuando, hasta que estén calientes. Sírvalos inmediatamente.

Garbanzos con chorizo

PARA 4-6 PERSONAS

250 g de chorizo en una
  sola pieza, sin piel
4 cucharadas de aceite
  de oliva
1 cebolla picada fina
1 diente de ajo grande
  machacado
400 g de garbanzos en
  conserva, lavados y
  escurridos
6 pimientos del piquillo
  (véase página 160) escurridos, secos y cortados
1 cucharada de vinagre
  de jerez, o al gusto
sal y pimienta
perejil fresco picado fino,
  para decorar
rebanadas de pan de barra,
  para servir

1 Corte el chorizo en dados de 1 cm. Caliente el aceite en una sartén de base gruesa a fuego medio y añada la cebolla y el ajo. Fríalos, removiéndolos de vez en cuando, hasta que la cebolla esté blanda. Añada el chorizo, mézclelo todo y fríalo hasta que esté caliente.

2 Ponga la mezcla en un bol, añádale los garbanzos y los pimientos y mézclelo todo bien. Rocíelos con el vinagre de jerez y salpiméntelos al gusto. Sírvalos calientes o a temperatura ambiente, espolvoreados con perejil y acompañados de abundante pan.

Pollo con limón y ajo

PARA 6-8 PERSONAS

4 pechugas de pollo grandes,
deshuesadas y sin piel

5 cucharadas de aceite
de oliva

1 cebolla picada fina

6 dientes de ajo picados
finos

la ralladura de 1 limón, la
peladura fina de 1 limón y
el zumo de ambos limones

4 cucharadas de perejil
fresco picado, y un poco
más para decorar

sal y pimienta

PARA SERVIR

trozos de limón

pan de barra

1 Con un cuchillo afilado, corte las pechugas de pollo a lo ancho en trozos finos. Caliente el aceite en una sartén de base gruesa. Añada la cebolla y fríala durante 5 minutos, o hasta que esté blanda pero no dorada. Añada el ajo y fríalo durante 30 segundos.

2 Añada el pollo cortado a la sartén y fríalo a fuego lento durante 5 o 10 minutos, removiéndolo de vez en cuando, hasta que todos los ingredientes estén ligerante dorados y el pollo esté tierno.

3 Añada la peladura y el zumo de limón y deje que borbotee. Al mismo tiempo, desglase la sartén disolviendo y mezclando los jugos que hayan quedado en ella con el zumo de limón; use una cuchara de madera. Retire la sartén del fuego, añada el perejil, mézclelo todo y salpimiéntelo.

4 Coloque el pollo con el limón y el ajo, muy calientes, en una fuente templada. Espolvoreélo con la ralladura de limón y decórelo con ramitas de perejil. Sirva el plato con trozos de limón para exprimirlos por encima del pollo y acompañado con trozos o rebanadas de pan para mojarlo en el jugo.

Higaditos de pollo con salsa de jerez

PARA 6 PERSONAS

450 g de higaditos de pollo
2 cucharadas de aceite
  de oliva
1 cebolla pequeña picada
  fina
2 dientes de ajo picados
  finos
110 ml de jerez seco
2 cucharadas de perejil
  fresco picado, y unas
  ramitas para decorar
sal y pimienta
pan de barra, para servir
  (tostado, opcional)

1 Si fuera necesario, extraiga los higaditos del pollo, quíteles las venas y cartílagos y luego córtelos en trozos pequeños. Caliente el aceite en una sartén grande de base gruesa. Añada la cebolla y fríala durante 5 minutos, o hasta que esté blanda pero no dorada. Añada el ajo y fríalo 30 segundos.

2 Añada los higaditos a la sartén y fríalos 2 o 3 minutos, removiéndolos constantemente, hasta que estén firmes y hayan cambiado de color por fuera, pero sigan rosados y tiernos por el centro. Con una espumadera, retire los higaditos del fuego y póngalos en una fuente grande para servir

o repártalos en platos. Manténgalos calientes.

3 Vierta el jerez en la sartén, suba el fuego y deje que borbotee durante 3 o 4 minutos, hasta que se haya evaporado el alcohol y reducido un poco. Al mismo tiempo, desglase la sartén disolviendo y mezclando

los jugos que hayan quedado en ella con la salsa; para ello, utilice una cuchara de madera. Sazone la salsa al gusto con sal y pimienta.

4 Vierta la salsa de jerez por encima de los higaditos de pollo y espolvoreéelos con el perejil. Decórelos con ramitas de perejil y sírvalos muy calientes con rebanadas de pan normal, o tostado, para mojarlo en la salsa.

Higaditos de pollo picantes

PARA 4-6 PERSONAS

113 g de harina común
½ cucharadita de comino
    molido
½ cucharadita de cilantro
    molido
½ cucharadita de pimentón
    dulce
¼ cucharadita de nuez
    moscada recién rallada
350 g de higaditos de pollo
6 cucharadas de aceite
    de oliva
sal y pimienta
ramitas de menta fresca,
    para decorar

1 Tamice la harina en un plato grande y plano, añádale el comino, el cilantro, el pimentón dulce y la nuez moscada, y mézclelo todo. Sazone la mezcla al gusto con sal y pimienta.

2 Corte los higaditos de pollo por la mitad o en cuartos. Rebócelos en la mezcla de harina, varios trozos a la vez, y deles unos golpecitos para eliminar el exceso de rebozado.

3 Caliente el aceite de oliva en una sartén grande de base gruesa. Fría los higaditos a fuego fuerte, por tandas y removiéndolos con frecuencia, durante 3 o 5 minutos, o hasta que estén crujientes por fuera pero tiernos por dentro. Sírvalos pinchados en palillos y decorados con ramitas de menta fresca.

Alitas de pollo con aliño de tomate

PARA 6-8 PERSONAS

180 ml de aceite de oliva
3 dientes de ajo picados
    finos
1 cucharadita de comino
    molido
1 kg de alitas de pollo
2 tomates pelados sin
    semillas (véase página 106)
    y cortados en dados
3 cucharadas de vinagre
    de vino blanco
1 cucharada de hojas
    de albahaca fresca
    cortadas

1 Precaliente el horno a 180°C. Mezcle 1 cucharada del aceite, el ajo y el comino en un plato llano. Corte las puntas de las alitas de pollo y deséchelas. Pase las alitas por la mezcla de especias hasta que queden bien cubiertas por ésta. Tápelas con film transparente y déjelas marinar en un lugar fresco durante 15 minutos.

2 Caliente 3 cucharadas del aceite restante en una sartén grande de base gruesa. Añada las alitas de pollo y fríalas, por tandas, dándoles la vuelta con frecuencia, hasta que estén doradas. Póngalas en una fuente de horno para asados.

3 Ase las alitas de pollo durante 10 o 15 minutos, o hasta que estén tiernas y suelten su jugo al pinchar la parte más gruesa de la carne con la punta de un cuchillo afilado.

4 Mientras tanto, en un bol mezcle el aceite de oliva restante con los tomates, el vinagre y la albahaca.

5 Con unas pinzas, coloque las alitas en una fuente que no sea metálica. Cúbralas bien con el aliño, tápelas con film transparente y deje que se enfríen. Déjelas reposar durante 4 horas en la nevera. Sáquelas entre 30 y 60 minutos antes de servirlas para que recuperen la temperatura ambiente.

Rollos de pollo con aceitunas

PARA 6-8 PERSONAS

113 g de aceitunas negras
  en aceite escurridas
140 g de mantequilla
  ablandada
4 cucharadas de perejil
  fresco picado
4 pechugas de pollo
  deshuesadas y sin piel
2 cucharadas del aceite
  contenido en el tarro
  de las aceitunas

1 Precaliente el horno a 200°C. Deshuese y trocee las aceitunas. En un bol pequeño, mezcle la mitad de las aceitunas, la mantequilla y el perejil.

2 Ponga las pechugas de pollo entre dos trozos de film transparente y golpeélas suavemente con un mazo o un rodillo.

3 Unte uno de los lados de las pechugas con el aceite y la mantequilla de hierbas y enróllelas, con la parte untada boca arriba. Sujételas con un palillo o átelas con hilo de cocina, si fuera necesario.

4 Ponga los rollos de pollo en una fuente de horno. Rocíelos con el aceite del tarro de las aceitunas y áselos en el horno precalentado durante unos 45 o 55 minutos, o hasta que estén tiernos y suelten su jugo al pincharlos con la punta de un cuchillo afilado.

5 Ponga los rollos encima de una tabla de cortar y quíteles los palillos o el hilo de cocina. Con un cuchillo afilado, córtelos en rodajas, colóquelas en platos y sírvalas.

Croquetas crujientes de pollo y jamón

PARA 8 CROQUETAS

4 cucharadas de aceite de
oliva o 55 g de mantequilla
4 cucharadas de harina
común
200 ml de leche
115 g de pollo cocido picado
55 g de jamón serrano o
cocido cortado muy fino
1 cucharada de perejil fresco picado, y unas ramitas
para decorar
una pizca de nuez moscada
recién rallada
1 huevo batido
30 g de pan rallado
aceite de maíz
sal y pimienta
alioli (véase página 12),
para servir

1 Caliente el aceite de oliva o la mantequilla en una cazuela. Añada la harina, forme una pasta y déjela cocer a fuego lento 1 minuto, sin dejar de removerla. Retire la cazuela del fuego y vaya añadiendo la leche gradualmente hasta obtener una textura homogénea. Vuelva a poner la cazuela en el fuego y deje que la mezcla rompa el hervor a fuego lento, removiéndola constantemente, hasta que se espese.

2 Retire la cazuela del fuego, añada la carne de pollo picada y bátalo todo hasta obtener una mezcla homogénea. Añada el jamón, el perejil y la nuez moscada y mézclelo todo bien. Salpimiente la mezcla al gusto. Extienda la mezcla de pollo en un plato y déjela reposar 30 minutos, o hasta que se enfríe. Luego, tápela y déjela en la

nevera 2 o 3 horas, o toda la noche. No se salte este paso; el reposo de la pasta de las croquetas en la nevera evitará que se deshagan al freírlas.

3 Una vez que la mezcla de pollo haya reposado, bata el huevo en un plato y ponga el pan rallado en otro plato aparte. Reparta la mezcla de pollo en 8 partes iguales. Con las manos humedecidas,

deles forma de croqueta y páselas, de una en una, por el huevo batido y luego rebócelas en el pan rallado. Póngalas en una fuente y déjelas reposar en la nevera 1 hora.

4 Caliente abundante aceite de maíz en la freidora a 180 o 190°C, o hasta que un trozo de pan se dore en 30 segundos. Fría las croquetas por tandas durante 5 o 10 minutos, o hasta que estén doradas. Sáquelas con una espumadera y escúrralas sobre papel de cocina.

5 Sírvalas muy calientes, deco-radas con ramitas de perejil y acompañadas con un bol de alioli para mojarlas en él.

Pan y pizzas

Considerando la evolución de las tapas, desde las rebanadas de pan originales coronadas con un ingrediente hasta la cocina cosmopolita y variada que se disfruta en todo el mundo, parece adecuado terminar este libro con una selección de recetas y platos hechos a base de pan que comparten categoría con la cocina de otras naciones. Las tostadas de gambas (*véase* página 248) en realidad son un plato local tipo pizza. Las variaciones incluyen muchos ingredientes típicos de las pizzas, como por ejemplo, anchoas, pimientos y jamón, pero casi nunca queso. No obstante, la pizza de chorizo (*véase* página 252) está hecha siguiendo el estilo italiano pero con un toque español.

Coca de almejas y verduras

PARA 4-6 PERSONAS

2 cucharadas de aceite
de oliva virgen extra

4 dientes de ajo grandes
machacados

2 cebollas grandes picadas
finas

10 pimientos del piquillo (véase
página 169) escurridos
y cortados finos

250 g de almejas pequeñas
sin concha en salmuera
(peso en el recipiente),
lavadas y escurridas

sal y pimienta

MASA PARA LA COCA

380 g de harina de fuerza,
y un poco más para
espolvorear

1 sobre de levadura seca
activa

1 cucharadita de sal

½ cucharadita de azúcar

1 cucharada de aceite de
oliva, y un poco más para
untar

1 cucharada de vino blanco
seco

240 ml de agua caliente

1 Para hacer la masa, mezcle en un bol la harina, la levadura, la sal y el azúcar, y haga un agujero en el centro. Mezcle el aceite de oliva, el vino y el agua, y vierta 60 ml de esta mezcla en el agujero. Incorpore gradualmente la masa lateral, y añada la mezcla líquida restante, si fuera necesario, hasta obtener una textura suave.

2 Enharine la superficie de trabajo y amase en ella la mezcla hasta que quede homogénea. Dele forma de bola. Lave el bol y unte el interior con aceite de oliva. Ponga la masa en el bol y dele unas cuantas vueltas hasta que quede ligeramente impregnada de aceite. Tape el bol con film transparente y deje reposar la masa en un lugar cálido hasta que haya doblado su tamaño.

3 Caliente el aceite de oliva en una sartén grande de base gruesa a fuego medio. Baje el fuego, añada el ajo y la cebolla, y fríalos, removiéndolos con frecuencia, hasta que la cebolla esté dorada.

4 Precaliente el horno a 230°C. Ponga la cebolla en un bol y déjela enfriar. Añada las tiras de pimiento y las almejas y mézclelo todo. Resérvelo.

5 Saque la masa del bol y trabájela rápidamente sobre la superficie enharinada. Cúbrala con el bol y déjela reposar durante 10 minutos, así le resultará más fácil estirarla.

6 Espolvoree con abundante harina una bandeja de horno llana de 32 x 32 cm. Estire la masa formando un cuadrado de 34 cm y deposítela en la bandeja. Luego, enrolle las puntas y forme un borde fino. Pinche la superficie de la base con un tenedor.

7 Reparta los ingredientes uniformemente por encima de la base y sazónelos al gusto con sal y pimienta. Ase la coca en el horno precalentado durante 25 minutos, o hasta que los bordes estén dorados y las puntas de la cebolla hayan adquirido color.

Coloque la coca encima de una rejilla metálica para que se enfríe por completo. Córtela en unas 12 o 16 porciones.

Montaditos de ensalada

CADA RECETA DE ENSALADA
SIRVE PARA HACER ENTRE
12 Y 14 MONTADITOS

ENSALADA DE PATATA

200 g de patatas nuevas
lavadas y cocidas
½ cucharada de vinagre
de vino blanco
3-4 cucharadas de
mayonesa
2 huevos duros pelados
y picados finos
2 cebolletas con las partes
blancas y verdes picadas
finas
1 barra de pan grande
sal y pimienta
12-14 aceitunas negras
sin hueso y cortadas,
para decorar

ENSALADA DE ATÚN

200 g de atún conservado
en aceite de oliva,
escurrido
4 cucharadas de mayonesa
2 huevos duros pelados y
picados finos
1 tomate asado, pelado y sin
semillas (véase página 106,
y troceado muy fino
2 cucharaditas de
ralladura de limón,
o al gusto
cayena molida al gusto
1 barra de pan
sal y pimienta
12-14 filetes de anchoa
en aceite escurridos,
para decorar

1 Para hacer la ensalada de patata, pele las patatas, ya cocidas, cuando estén lo suficientemente frías como para cogerlas, y luego córtelas en dados de 5 mm. Mézclelas con el vinagre y sazónelas al gusto con sal y pimienta. Déjelas enfriar completamente. Añádales la mayonesa, los huevos y las cebolletas. Pruebe la ensalada y rectifíquela de sal y pimienta si fuera necesario. Corte el pan en 24 o 28 rebanadas de 5 mm de

grosor, en diagonal. Reparta la ensalada entre las rebanadas, formando un montículo, y luego corónelas con trozos de aceituna.

2 Para hacer la ensalada de atún, desmenuce el atún dentro de un bol. Añádale la mayonesa, los huevos, el tomate, la ralladura de limón y la cayena. Pruébela y rectifíquela de sal. Corte el pan en 24 o 28 rebanadas de 5 mm de grosor, en diagonal. Reparta la ensalada entre las rebanadas, formando un montículo, y coróneles con la anchoa.

Pan frito picante y chorizo

PARA 6-8 PERSONAS
200 g de chorizo sin piel
   en una sola pieza
4 rebanadas gruesas de pan
   rústico de hace 2 días
aceite de oliva
3 dientes de ajo picados
   finos
2 cucharadas de perejil
   fresco picado
pimentón dulce, para decorar

1 Corte el chorizo en rodajas de 1 cm de grosor y corte también el pan, con la corteza, en dados de 1 cm. Vierta aceite de oliva en una sartén grande de base gruesa de modo que cubra bien la base. Caliente el aceite, añada el ajo y fríalo entre 30 segundos y 1 minuto, o hasta que esté ligeramente dorado.

2 Añada los dados de pan a la sartén y fríalos, removiéndolos constantemente, hasta que estén dorados y crujientes. Añada los trozos de chorizo y fríalos durante 1 o 2 minutos, o hasta que estén calientes. Con una espumadera, retire los dados de pan y el chorizo de la sartén y déjelos escurrir sobre papel de cocina.

3 Ponga el pan y el chorizo en un bol para servir caliente, añádales el perejil picado y mézclelo todo. Espolvoree todo con un poco de pimentón dulce y sírvalo caliente. Acompáñelo de palillos para poder comer a la vez un dado de pan con un trozo de chorizo.

Pan tostado con judías blancas y chorizo

PARA 6 PERSONAS

3 dientes de ajo

4 cucharadas de aceite
de oliva

1 cebolla española picada
fina

140 g de chorizo cortado
en lonchas

800 g de judías blancas
en conserva, lavadas
y escurridas

6 rebanadas gruesas de pan
rústico

4 tomates troceados

sal y pimienta

ramitas de perejil fresco,
para decorar

1 Corte 2 dientes de ajo. Caliente la mitad del aceite de oliva en una sartén de base gruesa. Añada la cebolla y el ajo cortado y fríalos a fuego lento, removiéndolos de vez en cuando, durante 5 minutos, o hasta que estén blandos. Mientras tanto, corte las lonchas de chorizo por la mitad.

2 Añada el chorizo a la sartén y fríalo 2 minutos. Agregue las judías blancas y sazónelo todo al gusto con sal y pimienta.

3 Tueste el pan en la parrilla o la tostadora por ambos lados. Mientras tanto, añada los tomates a la sartén y remuévalo todo.

4 Corte el diente de ajo restante por la mitad y restriéguelo por el pan tostado. Rocíe éste con aceite de oliva.

5 Coloque el pan tostado en platos para servir individuales y reparta la mezcla de judías blancas y chorizo por encima. Sírvalos inmediatamente, decorados con ramitas de perejil.

Tostadas con puré de judías blancas

PARA 4 PERSONAS

270 g de judías blancas secas

½ cebolla picada fina

2 cucharadas de aceite de oliva

2 cucharadas de menta fresca picada

4 rebanadas gruesas de pan rústico

sal y pimienta

SUGERENCIA: Tape el bol de puré de judías con film transparente y déjelo en la nevera hasta que lo necesite. Antes de servirlo, deberá estar a temperatura ambiente

1 Ponga las judías en un bol y cúbralas con agua fría. Déjelas en remojo durante 4 horas, o preferentemente toda la noche, y luego escúrralas.

2 Ponga las judías en un cazo y añádales la cebolla. Cúbralas con agua y deje que ésta rompa el hervor. Cueza las judías durante 1 1/2 horas, o hasta que estén blandas. Escúrralas bien y déjelas enfriar ligeramente.

3 Tueste el pan por ambos lados. Ponga las judías en un robot de cocina o en una licuadora y tritúrelas hasta obtener un puré. Viértalo en un bol para servir, añádale el aceite de oliva y la menta y mézclelo todo. Sazónelo al gusto con sal y pimienta. Reparta el puré entre las rebanadas de pan y sírvalo a temperatura ambiente.

Tostadas con ajo y bacalao

PARA 6 PERSONAS

200 g de bacalao salado
   seco
5 dientes de ajo
240 ml de aceite de oliva
250 g de nata espesa
6 rebanadas gruesas de
   pan rústico
pimienta

1 Deje el bacalao salado en remojo con agua fría durante 48 horas. Cámbiele el agua al menos 3 veces al día. Escúrralo bien, córtelo en trozos grandes y póngalos en una sartén grande y llana. Cúbralos con agua fría y deje que ésta rompa el hervor. Cueza el bacalao a fuego lento 8 o 10 minutos, o hasta que esté tierno. Escúrralo y déjelo enfriar hasta poder cogerlo sin quemarse.

2 Pique finos 4 dientes de ajo. Corte el otro por la mitad y resérvelo.

3 Quítele la piel al bacalao. Córtelo en trocitos y póngalos en un robot de cocina o en una licuadora.

4 Vierta el aceite de oliva en un cazo y añada el ajo picado. Deje que rompa el hervor a fuego lento. Vierta la nata en un cazo aparte y deje que rompa el hervor a fuego lento. Retire ambos cazos del fuego.

5 Triture ligeramente el bacalao. Con el motor en marcha, añada un poco del aceite con ajo y tritúrelo. Añada un poco de nata y siga triturando. Repita el proceso hasta haber incorporado todo el aceite con ajo y la nata. Vierta la mezcla en un bol y sazónela al gusto con pimienta.

6 Tueste el pan por ambos lados y luego úntelo con el ajo que tenía reservado. Coloque la mezcla de bacalao encima de las tostadas, formando montículos, y sírvalas a la mesa.

Pan con tomate

PARA 4 PERSONAS
pan rústico o de barra,
    cortado en rebanadas
tomates
aceite de oliva
sal
ajo (opcional)

VARIACIÓN: Para hacer un
tentempié más sustancioso,
sirva el pan con tomate
acompañado de un plato
con lonchas finas de jamón
serrano y queso manchego,
y deje que sus invitados se
sirvan lo que les apetezca

1 La forma más sencilla es untar
las rebanadas de pan con la cara
abierta de medio tomate maduro y
jugoso; a continuación, sazone el
pan con una pizca de sal y rocíelo
con unas gotas de aceite de oliva.
Si el pan es blando, puede tostarlo
antes. Otra opción es aromatizar
el pan untándolo con ajo antes de
hacerlo con el tomate.

Tostadas con tomate (tres combinaciones)

PARA 4-6 PERSONAS

12 rebanadas gruesas de pan
rústico

12 tomates pelados sin
semillas (véase página 106)
y cortados en dados

8 dientes de ajo picados finos

unos 350 ml de aceite de
oliva

sal y pimienta

JAMÓN Y ALCAPARRAS

2 lonchas de jamón cortadas
en tiras finas

8 alcaparras lavadas y
escurridas

CHORIZO Y QUESO

8 lonchas de chorizo listas
para comer

55 g de queso manchego
o cheddar, en lonchas

2 aceitunas verdes rellenas
de pimiento, cortadas por
la mitad

ANCHOA Y ACEITUNA

12 filetes de anchoa
conservados en aceite,
escurridos

4 aceitunas verdes rellenas
de anchoa

1 Tueste el pan por ambos lados. Mientras tanto, ponga los tomates en un bol, deshágalos con un tenedor y mézclelos con el ajo. Unte las tostadas uniformemente con la mezcla de tomate, sazónelas al gusto con sal y pimienta y rocíelas con un poco de aceite de oliva.

2 Para las tostadas de jamón y alcaparras, disponga las tiras de jamón en forma de S sobre 4 tostadas. Coloque una alcaparra en las curvas de cada letra S.

3 Para las tostadas de chorizo y queso, ponga 2 lonchas de chorizo sobre 4 tostadas, y el queso encima. Decórelas con media aceituna.

4 Para la tostada de anchoa y aceituna, enrolle 3 filetes de anchoa formando un círculo. Colóquelos sobre 4 tostadas y ponga una aceituna en el centro de cada anchoa.

Tostadas con tomate asado

PARA 4 PERSONAS

3 cucharadas de aceite
de oliva

6 tomates cortados en
rodajas gruesas

4 rebanadas gruesas de
pan rústico

1 diente de ajo cortado
por la mitad

4 cucharaditas de vinagre
de jerez

sal y pimienta

VARIACIÓN: Para decorar,
añada unas virutas de queso
manchego, queso ibérico o
cualquier otro tipo de queso
seco.

1 Caliente una plancha y úntela con una cucharada de aceite de oliva. Añada los trozos de tomate y áselos a fuego fuerte 2 minutos por cada lado, o hasta que estén blandos y empiecen a ennegrecerse.

2 Mientras tanto, tueste el pan por ambos lados y luego úntelo con el ajo, por el lado del corte.

3 Reparta los trozos de tomate entre las rebanadas de pan tostado y rocíelos con el resto del aceite y el vinagre. Sazónelos al gusto con sal y pimienta y sírvalos.

Rollitos de espárrago

PARA 8 PERSONAS

- 115 g de mantequilla ablandada, y un poco más para untar
- 8 espárragos trigueros con la base cortada
- 8 rebanadas de pan de molde blanco sin la corteza
- 1 cucharada de perejil fresco picado
- la ralladura fina de 1 naranja
- sal y pimienta

1 Precaliente el horno a 190°C y unte una bandeja de horno con un poco de mantequilla. Si los tallos de los espárragos son leñosos, pélelos. Luego, átelos con hilo de cocina, sin apretar, y blanquéelos en un cazo alto con agua hirviendo durante 3 o 5 minutos. Escúrralos y páselos bajo el chorro del agua fría. Vuelva a escurrirlos y séquelos con papel de cocina.

2 Aplane ligeramente las rebanadas de pan con la ayuda de un rodillo de amasar. En un bol, mezcle la mitad de la mantequilla, el perejil y la ralladura de naranja y sazónelo todo al gusto con sal y pimienta. A continuación, unte las rebanadas de pan con la mantequilla aromatizada.

3 Ponga un espárrago en uno de los lados de una rebanada de pan y enróllela. Repita el proceso con el resto. Disponga los rollitos de espárrago en la bandeja del horno con el lado de la abertura hacia abajo.

4 Derrita el resto de la mantequilla en una sartén pequeña y pinte con ella los rollitos de espárrago. Ase los rollitos en el horno precalentado 15 minutos, o hasta que estén crujientes y dorados. Déjelos enfriar ligeramente y sírvalos templados.

Rollitos de anchoa

PARA 4 PERSONAS

mantequilla, para untar
8 anchoas saladas
60 ml de leche
4 rebanadas de pan
de molde blanco sin
la corteza
1 cucharada de mostaza
de Dijon
2 cucharadas de queso
manchego o cheddar
rallado

1 Precaliente el horno a 220°C. Unte una bandeja de horno con mantequilla. Ponga las anchoas en un plato llano y rocíelas con la leche. Déjelas en remojo unos 10 o 15 minutos. Escúrralas y séquelas con papel de cocina.

2 Unte cada rebanada de pan con mantequilla y mostaza. Espolvoreéelas con el queso rallado. Reparta las anchoas entre las rebanadas de pan y enróllelas.

3 Coloque los rollitos en la bandeja de horno, con el lado de la abertura hacia abajo, y áselos en el horno precalentado 6 o 7 minutos. Déjelos enfriar un poco y sírvalos.

Pan con aceitunas y pimiento

PARA 4-6 PERSONAS

2 pimientos rojos cortados
  por la mitad y sin semillas

3 dientes de ajo

2 cucharaditas de alcapa-
  rras lavadas, escurridas
  y cortadas por la mitad

4 cucharadas de perejil
  fresco picado

1 cucharada de zumo
  de limón

1 cucharadita de comino
  molido

2 cucharaditas de azúcar

130 g de aceitunas negras
  sin hueso y troceadas

1 barra de pan

2 cucharadas de aceite
  de oliva

1 Precaliente el grill del horno a fuego fuerte. Ponga las mitades de pimiento en una bandeja de horno, con el lado de la piel hacia arriba y formando una sola capa. Áselos debajo del grill caliente durante 8 o 10 minutos, o hasta que la piel se ennegrezca. Con unas pinzas, coloque los pimientos en una bolsa de plástico, átela y déjelos enfriar. Cuando estén lo suficientemente fríos como para trabajar con ellos, pélelos.

2 Pique fino 1 diente de ajo. Póngalo en un robot de cocina o en una batidora junto con los pimientos, las alcaparras, el perejil, el zumo de limón, el comino y el azúcar, y tritúrelo todo hasta obtener una mezcla homogénea. Viértala en un bol, añádale las aceitunas y mézclelo todo bien.

3 Corte los cuscurros del pan y divida la barra en rebanadas de 1 cm. Tuéstelas por ambos lados. Corte los dientes de ajo restantes por la mitad y unte el pan con el lado de corte de los mismos. Pinte las tostadas con el aceite de oliva.

4 Con una cuchara, ponga la mezcla de pimiento sobre las rebanadas de pan y disponga éstas en una fuente para servir. Sírvalas inmediatamente.

Montaditos de cebolla y aceituna

PARA 4-8 PERSONAS

2 cucharadas de aceite
  de oliva
1 cebolla cortada en rodajas
  finas
1 diente de ajo picado fino
2 cucharaditas de tomillo
  fresco picado
1 barra de pan pequeña
1 cucharada de tapenade
  o mantequilla
8 filetes de anchoa
  conservados en aceite,
  escurridos
12 aceitunas verdes rellenas
  con almendras o cebolla,
  cortadas por la mitad
sal y pimienta

1 Caliente el aceite de oliva en una sartén de base gruesa. Añada la cebolla y el ajo y fríalos a fuego lento, removiéndolos de vez en cuando, durante 15 minutos, o hasta que estén dorados y muy blandos. Añada el tomillo, mézclelo todo y sazónelo al gusto con sal y pimienta.

2 Mientras tanto, corte los cuscurros del pan y divida la barra en 8 rebanadas. Tuéstelas por ambos lados y úntelas con tapenade o mantequilla.

3 Ponga la mezcla de cebolla encima de las rebanadas, formando un montoncito, y luego corónelas con un filete de anchoa y las aceitunas. Sírvalas calientes.

Tostadas de gambas

PARA 4 PERSONAS

3 dientes de ajo
4 cucharadas de aceite
  de oliva
1 cebolla española cortada
  por la mitad y picada fina
400 g de judías blancas
  en conserva, lavadas
  y escurridas
4 tomates cortados en
  dados
4 rebanadas gruesas de pan
  rústico
280 g de gamba cocida
  pelada
sal y pimienta
berros, para decorar

1 Corte 1 diente de ajo por la mitad y resérvelo. Pique finos los otros dos. Caliente 2 cucharadas de aceite de oliva en una sartén grande de base gruesa. Añada el ajo picado y la cebolla y fríalos a fuego lento, removiéndolos de vez en cuando, durante 5 minutos, o hasta que estén blandos.

2 Añada las judías blancas y los tomates, mézclelo todo y salpiméntelo al gusto. Cuézala a fuego lento durante 5 minutos.

3 Mientras tanto, tueste el pan por ambos lados, úntelo con el lado de corte del ajo que tenía reservado y rocíelo con el aceite restante.

4 Añada las gambas a la mezcla de judías y caliéntelo todo a fuego lento 2 o 3 minutos. Reparta la mezcla de judías y gambas entre las tostadas y sírvalas enseguida, decoradas con berros.

Tostadas de berenjena y queso de cabra

PARA 4 PERSONAS

5 cucharadas de aceite
   de oliva
2 berenjenas cortadas
   en rodajas
2 tomates cortados por
   la mitad
2 cucharaditas de tomillo
   fresco picado
115 g de queso de cabra
   desmenuzado
4 rebanadas gruesas
   de pan rústico
1 diente de ajo cortado
   por la mitad
sal y pimienta

1 Caliente la plancha y úntela con 1 cucharada de aceite de oliva. Añada las rodajas de berenjena y los tomates cortados por la mitad y áselos a fuego medio, dándoles la vuelta varias veces, 5 minutos. Póngalos encima de una tabla de cortar y pártalos en trozos grandes.

2 Ponga la berenjena en un bol, añádale el tomillo y la mitad del queso y mézclelo todo. Rocíelo con 2 o 3 cucharadas de aceite de oliva y sazónelo al gusto con sal y pimienta, mezclándolo bien. Mientras tanto, precaliente el grill del horno a fuego medio.

3 Tueste el pan bajo el grill caliente por ambos lados. A continuación, úntelo con el lado de corte del ajo y rocíelo con el aceite restante.

4 Reparta la mezcla de berenjena entre las tostadas, extiéndala bien y corónela con el queso restante. Ponga las tostadas bajo el grill caliente durante 2 o 3 minutos, o hasta que estén calientes. Sírvalas inmediatamente.

Minipizzas de espinacas y tomate

PARA 32 MINIPIZZAS

2 cucharadas de aceite
de oliva, y un poco más
para pintar y rociar

1 cebolla picada fina

1 diente de ajo picado fino

400 g de tomate en
conserva troceado

125 g de espinacas tiernas
frescas

2 cucharadas de piñones

sal y pimienta

MASA DE PAN

100 ml de agua caliente

½ cucharadita de levadura
seca activa

una pizca de azúcar

200 g de harina de fuerza,
y un poco más para
espolvorear

½ cucharadita de sal

1 Para hacer masa de pan, vierta el agua en un bol pequeño, añádale la levadura y el azúcar y déjela reposar en un lugar cálido unos 10 o 15 minutos, o hasta que esté espumosa.

2 Mientras tanto, tamice la harina y la sal en un bol grande. Haga un agujero en el centro, vierta el líquido con la levadura y mézclelo todo con una cuchara. Amáselo con las manos hasta que la masa se desprenda de las paredes del bol.

3 Enharine la superficie de trabajo, ponga encima la masa y trabájela durante 10 minutos, o hasta que quede homogénea y elástica y no se pegue. Haga una bola con ella y póngala en un cuenco limpio. Cúbrala con un paño de cocina limpio y húmedo y déjela reposar en un lugar cálido durante 1 hora, o hasta que haya subido.

4 Para preparar la cubierta de las pizzas, caliente el aceite de oliva en una sartén grande de base gruesa. Añada la cebolla y fríala unos 5 minutos, o hasta que esté blanda, pero no dorada. Agregue el ajo y fríalo 30 segundos. Añada los tomates, mézclelo todo, y fríalo unos 5 minutos, removiéndolo de vez en cuando, hasta que se haya reducido a una mezcla espesa. Incorpore las espinacas y rehóguelas, removiéndolas, hasta que hayan encogido un poco. Salpiméntelas.

5 Mientras la masa sube, precaliente el horno a 200°C. Pinte varias bandejas de horno con aceite de oliva. Enharine la superficie de trabajo y amase bien la masa 2 o 3 minutos para eliminar las burbujas de aire que presente.

6 Estire la masa muy fina y, con un cortapastas de 6 cm de diámetro, córtela en 32 círculos. Póngalos en las bandejas de horno.

7 Sobre cada base, coloque la mezcla de espinacas y añádale los piñones. Rocíe cada pizza con un poco de aceite de oliva. Hornéelas en el horno precalentado 15 minutos, o hasta que los bordes de la masa se doren. Sírvalas calientes.

Pizza de chorizo

PARA 4-6 PERSONAS

6 tomates cortados en
rodajas
2 cebollas picadas finas
12 aceitunas negras
4 lonchas de jamón serrano
10 lonchas de chorizo
2 cucharadas de hierbas
frescas variadas, picadas
55 g de queso tronchón o
mozzarella, cortado en
lonchas finas
60 ml de aceite de oliva
sal y pimienta

BASE PARA LA PIZZA

30 g de levadura fresca
230 g de harina común,
y un poco más para
espolvorear
240 ml de agua tibia
una pizca de sal
60 ml de aceite de oliva

1 En primer lugar, prepare la base para la pizza. En un bol, mezcle la levadura con 50 g de harina y el agua. Déjela reposar durante unos 10 minutos.

2 Tamice el resto de la harina con la sal en un bol grande y haga un agujero en el centro. Añada la mezcla de levadura y el aceite de oliva. Mezcle bien la masa con una amasadora eléctrica durante 5 o 10 minutos. Tápela con un paño de cocina limpio y déjela

reposar en un lugar cálido hasta que la masa haya doblado su tamaño.

3 Precaliente el horno a 220°C y meta una bandeja en el interior para que se caliente. Saque la

masa del bol y trábajela sobre una superficie enharinada. Con las manos, haga un círculo de 28 o 30 cm de diámetro, procurando que el borde quede más grueso.

4 Disponga las rodajas de tomate sobre la base de la

pizza y sazónelos al gusto con sal. Luego, añada la cebolla por encima. Incorpore las aceitunas, el jamón y el chorizo, sazónelos al gusto con pimienta y espolvoréelos con las hierbas. Finalmente, ponga los trozos de queso por encima y rocíelos con el aceite de oliva.

5 Con cuidado, coloque la pizza en la bandeja del horno precalentado y cuézala 30 minutos, o hasta que el queso se haya fundido y borbotee y el borde de la pizza se haya dorado un poco. Córtela en porciones y sírvala.